# GULLIVER

**1056**

# Alles Löwe – oder was?

## Geschichten aus der Ideenküche Braunschweig

EIN **GULLIVER** VON **BELTZ & GELBERG**

*Der Jury gehörten an:*
*Silvia Bartholl (Lektorin), Beate Dölling (Autorin),*
*Ingo Siegner (Autor und Illustrator), Bettina Thoenes*
*(Journalistin, Lokalredaktion Braunschweiger Zeitung)*

*Unser Dank gilt den Auszubildenden der Buchhandlung*
*Graff in Braunschweig für ihre sorgfältige Vorauswahl:*
*Christina Fröhlich, Angela Großkopf, Henrike Meier,*
*Eva Metsch, Erik Nowak, Julia Recke, Kristina Siems,*
*Anja Sündermann, Judith Trampler und Helge Weiland.*

www.beltz.de
Gulliver 1056
Originalausgabe
© 2007 Beltz & Gelberg
in der Verlagsgruppe Beltz · Weinheim Basel
Alle Rechte vorbehalten
Redaktion: Eva Wansleben
Neue Rechtschreibung
Markenkonzept: Groothuis, Lohfert, Consorten, Hamburg
Einband: Thomas Müller
Gesamtherstellung: Druck Partner Rübelmann, Hemsbach
Printed in Germany
ISBN 978-3-407-74056-4

# Inhalt

# Vorwort

Der Zug rappelt und ruppelt. Rechts schwappt der Tee und links fällt dauernd das Schreibmäppchen runter. Genauso wie im Mai, als ich die 150 Geschichten gelesen habe. Alle im Zug gelesen. Einhundertfünfzig! Ich war sehr gespannt auf die Braunschweiger Texte, und als der Paketmann sie brachte, dachte ich: Ganz schön viel zu lesen! Dabei waren es am Anfang viel mehr: 321 Kinder aus Braunschweig und Umgebung haben Geschichten über ihr Leben und ihre Stadt geschrieben. Zehn lesefreudige Azubis der Buchhandlung Graff haben sie gelesen und für uns, die Jury, vorsortiert und die 150 herausgesucht, die sie am besten fanden.

Die las ich also jetzt in meinem Zug, unterwegs zu Lesungen. Draußen rauschte Deutschland vorbei. Dresden, Hennef, Hamburg, Chemnitz, Oftersheim, Dieburg. Ich aber rauschte durch Braunschweig, über den Burgplatz, durch die Burg Dankwarderode und den Dom, ging mit Eulenspiegel über den Kohlmarkt, marschierte unter den Schlossarkaden entlang, fuhr Kanu auf der Oker, rodelte am Nussberg, ging spazieren am Ölpersee, fieberte mit der Eintracht, fing Bonbons beim Braunschweiger Karneval, nahm an Reitturnieren teil. Ich las lustige, spannende und auch traurige und bewegende Geschichten. Die weitaus meisten aber drehten sich um den Braunschweiger Löwen. Und ehrlich gesagt: Nach Dutzenden steinernen Löwen, die plötzlich lebendig wurden und mir zuzwinkerten, war ich schon froh, immer mal wieder eine Geschichte aus dem richtigen Braunschweiger Leben zu lesen!

Es waren auch ein paar langweilige Texte im Stapel, so hingewurschtelte. Das kenne ich, wenn ich keine Lust habe oder mir nichts einfällt oder draußen die Sonne scheint und ich lieber irgendwo am See liegen möchte. Dann kritzel ich eben schnell was aufs Blatt, damit ich es hinter mir habe.

Die meisten Geschichten aber hätten eigentlich in dieses Buch gehört. Das ging leider nicht, in so ein Buch passen nicht so viele hinein.

Also sollten wir die fünfzig besten Geschichten heraussuchen. Besser gesagt, die fünfzig, die wir am besten finden. Denn Schreiben ist eine Kunst, und über Kunst kann man streiten. Haben wir dann auch, uns gestritten, haben uns die Köpfe heiß geredet an einem völlig verregneten Maitag oben bei Graff, gemeinsam mit den Azubis. Haben diskutiert darüber, ob eine Geschichte wahr ist oder nur wahr klingt (beides gut), ob da nicht die Eltern oder wer auch immer mitgeholfen haben oder nicht. Fehler haben für uns übrigens keine Rolle gespielt, wohl aber, ob eine Geschichte originell ist, ob sie spannend ist oder auch gut recherchiert, ob sie lustig ist, bewegend, traurig oder mitreißend. Das ist beim Lesen eh das Wichtigste: dass es dich fesselt. Und jeder von uns wollte natürlich seine Lieblingsgeschichten durchboxen. Am Ende hatten wir schließlich 57 Geschichten.

Wer gerne schreibt, seine Geschichte hier aber nicht findet: Trotzdem weiter schreiben! Denn, wie gesagt, dieses

Buch bietet nur eine Auswahl von vielen, vielen guten Geschichten.

Und jetzt lest selber, über Braunschweig, über den
Löwen, über, wie Katja Schweimler schreibt, »die Braunschweiger Luft, die Heimatluft!«.

Uns hat es viel Spaß gemacht!

Ingo Siegner, im Juli 2007

# Ein ganz schön verrückter Sommertag

Es war ein Tag wie jeder andere und ich war in meinem Zimmer und hörte Musik. Da kam meine Mutter zu mir und sagte: »Wir werden in den Sommerferien nach Braunschweig ziehen.« Ich war sauer und wütend auf meine Eltern, denn ich wollte hier nicht weg. Ich bin in Schöningen aufgewachsen und vier Jahre hier zur Schule gegangen. Ich hatte viele Freunde!

Bald darauf ging es los. Wir suchten uns eine schöne Wohnung, packten unsere Sachen und zogen von Schöningen nach Braunschweig. Besonders schwer fiel es mir, meine beste Freundin Luisa zurückzulassen. Es waren Sommerferien, und ich langweilte mich, da ich noch niemanden kennen gelernt hatte. Also rief ich Luisa an und fragte: »Hast du Lust, mich zu besuchen?« Sie sagte zu.

Als sie endlich angekommen war, erkundeten wir die Stadt. Wir fuhren mit der Straßenbahn, besichtigten den Dom, das Cinemaxx (Kino), die Stadt und ein Einkaufszentrum namens Galeria-Kaufhof, wo wir auf den vielen Rolltreppen Fangen spielten.

Plötzlich fiel Luisa auf, dass ihr Schlüssel weg war. Wir mussten alle Rolltreppen absuchen. Als ich dann weiter nach unten fuhr, sah ich ihn. Er war mit einem Draht am Ende der Rolltreppe festgeklemmt. Wir rüttelten und schüttelten an dem Schlüssel, bis er in unseren Händen lag. Nur der Draht hing noch in der Rolltreppe fest und auf einmal hielt sie an. Luisa und ich wussten nicht, ob wir jetzt so schnell wie möglich hier rauslaufen oder lieber jemandem Bescheid sagen sollten. Wir entschlossen uns, zu einem Verkäufer zu gehen, und erzählten ihm von unserem Missgeschick. Der holte eine Zange und zog den Draht heraus. Was für ein Glück, die Treppe lief wieder!

Abends taten unsere Füße unheimlich weh, da wir so viel gelaufen waren. Luisas Mutter kam auch nach Braunschweig und wir mussten noch mit ihr und meinen Eltern aufs Magnifest. Dort war viel los. Wir hatten jede Menge Spaß, nur waren wir nach ein paar Stunden müde und erschöpft. Als wir dann spätabends auf dem Weg nach Hause waren, alberten Luisa und ich rum und torkelten wie Betrunkene den Fußweg entlang.

Auf einmal kam die Polizei angefahren und hielt vor uns an. Die Polizisten fragten nach unseren Ausweisen und was wir so spät noch draußen zu suchen hätten. Wir waren ganz erschrocken, denn wir hatten noch gar keine Ausweise. Wir fühlten uns ein bisschen wie Verbrecher. Luisa rief schnell nach ihrer Mutter, die ein paar Meter vor uns ging. Sie klärte alles auf. Die Polizisten waren beruhigt und fuhren weiter. Es war ein ganz schön verrückter Tag.

Eine Woche später war mein erster Schultag in der neuen Schule. Ich war aufgeregt. Doch es dauerte nicht lange und ich fand viele neue Freunde, zum Beispiel Vicky, Vivien, Lisa, Laura, Yesim, Bahriye, Ann-Catrin und viele mehr.

Nun ist auch Braunschweig für mich eine tolle Stadt.

*Shana Natika Abromeit (11), Realschule Georg-Eckert-Straße*

# Als dem Löwen langweilig wurde

Stumm blickte er drein, der Löwe. Aber er überlegte. So langweilig ist es hier, dachte er, und es ist Zeit für einen Stadtrundgang.

Also stieg er eines Morgens von seinem Sockel. »Das hier kenne ich ja schon«, dachte er sich und ging los. »Was ist das denn?«, fragte er sich. »Das stand doch schon mal hier!« Dabei blickte er auf die Schloss-Arkaden. »Mal sehen, wer da heute wohnt.« Er ging hinein und sah viele, viele Läden. »Kleider gibt's hier, Spielzeug, haufenweise Geräte und vieles mehr. Ich glaube, ich brauche mal etwas!« Er betrat einen Laden und fand ein Eintracht-Braunschweig-Trikot. Das nehme ich, dachte er, und zog es an.

Dann ging er weiter, immer nordwärts, bis er an ein großes Haus kam, das wie ein Zwischending aus einer Schule und einem Theater aussah. Er betrat einen großen Raum. »... und schreiben Sie sich das hier bitte auf!« Ein älterer Herr wies auf eine Tafel. »Nun kommen wir zum nächsten Versuch. Bitte gehen Sie dazu in Ihre Räume!« Der Löwe schloss sich einer Gruppe an. »Huch! Da läuft ja ein Löwe herum!«, rief eine junge Frau. »Nicht wirklich, oder?«, fragte ein junger Mann. Die Frau rief: »Da, sieh doch, oder hältst du das für einen Tiger?«

Der Löwe fand es hier an der Universität nicht besonders interessant und er folgte einem lauten Geschrei. »Passt ja!«, jubelte er. »Ein Eintracht-Spiel! Was kostet ein Löwe?« – »Was? Ein Löwe? Gar nichts!«, rief ein Ordner.

Der Löwe lief ins Stadion. Er brüllte. Die Fans erschraken und jubelten zugleich. Eintracht hatte ein Tor geschossen! »Wer sind denn die Grünen da unten?«, fragte der Löwe einen Fan. »Der VfL Wolfsburg! Der schlechteste Fußballverein aller Zeiten! 0:4 liegen die schon hinten! Und haben noch keinmal aufs Tor geschossen!«, antwortete er.

»So ein langweiliges Spiel habe ich ja noch nie gesehen! Einbahnstraßen-Fußball.« Mit diesen Worten trottete der Löwe davon und stieg in eine Straßenbahn. Am Hauptbahnhof stieg er aus. Er hörte ein lautes Pfeifen. »Dampfzüge? Ich dachte, so etwas gibt es hier gar nicht mehr!«, rief er. »Ein Löwe, bitte!« Er wollte eine Fahrkarte kaufen. »Geht leider nicht!« – »Bäh!«, brummte der Löwe und ging davon. Immerhin war er sehr zufrieden: »So viel habe ich noch nie erlebt!«

Benjamin Diethelm (12), Wilhelm-Gymnasium


## Wahre Liebe hält eine Ewigkeit

Traditionell sind die Männer unserer Familie seit Jahrzehnten eingefleischte Fans der Braunschweiger Eintracht, komme, was da wolle. Aber eben nur die männlichen Familienmitglieder wie mein Uropa, Opa, Onkel und Vater. Ich hatte gar kein Verständnis für Fußball und schon gar nicht für die Eintracht. Denn ich bin ein Mädchen.

Aber im Mai 2002 hatte mein Vater ein großes Herz und nahm mich mit zum Aufstiegsspiel am letzten Spieltag vor 25.000 begeisterten Fans. Das Spiel war mega-cool und so spannend (Siegtor in der allerletzten Minute), dass ich ganz heiser vom Schreien und Anfeuern war. Nach dem Spiel wurde »der Platz gestürmt« und noch Stunden später waren noch viele Leute voller Freudentaumel im Stadion an der Hamburger Straße. Sie sangen und umarmten sich. Das Spiel war die Wende, weil die Fußballer es geschafft hatten, nach zehn Jahren Regionalligazugehörigkeit in die zweite Bundesliga aufzusteigen.

Seitdem hat mein Vater mich zu fast jedem Heimspiel mitgenommen, denn die Stimmung und auch die »gut aussehenden« Fußballer haben mich als Mädchen dann doch interessiert. Ich donnere mich zu diesen Spielen total auf: Eintracht-Trikot mit Originalunterschriften, Schal und bei schlechtem Wetter auch die Mütze. Wir haben wirklich tolle Spiele gesehen, in denen unsere Mannschaft alles gegeben hat und auch gewonnen hat.

Seit diesem Aufstiegsspiel, das mich vollkommen zum Fan gemacht hat, sind jetzt einige Jahre vergangen. Bis jetzt hält sich die Mannschaft. Aber das ist bald zu Ende, wenn nicht ein Wunder geschieht. Denn wir schießen keine Tore, wir kriegen keinen Pass hin. Ich diskutiere mit meinem Opa, der jetzt seit langem nicht mehr zu den Spielen geht, welche Fehler Herr Loos und Herr Krüger wohl so gemacht haben. Auch überlege ich, warum »Schweini« keine richtige Leistung mehr bringt; keine Tore mehr schießt. Wieso die anderen guten Spieler in Braunschweig verletzt sind. Ach, es ist doch traurig, dass der »ach so tolle Trainer« Vasic unsere Mannschaft als Pygmäen-Truppe bezeichnet hat und dass wir sowieso Loser sind! Das hat mich richtig tief getroffen. Aber der ist ja jetzt auch schon Schnee von gestern.

Als ich noch kleiner war, habe ich mich fürchterlich über meinen Papa aufgeregt, weil er immer auf die Schiedsrichter, den Trainer und andere geschimpft hat. Heute sehe ich das oft genauso. Ich bin eben als echter Fan vielleicht auch etwas blind für die Tatsachen; sagt zumindest meine Mama. Aber die hat nun gar kein Verständnis für mich. Ich habe bis vor kurzem noch geglaubt, dass meine Eintracht es schafft, in der 2. Liga zu bleiben. Wir haben zwei neue Trainer, wir haben neue Spieler – ich weiß gar nicht, wie viel (vielleicht elf). Aber wir haben kein Glück. Das muss der Grund sein, warum das Wunder wohl ausbleibt und wir in die Regionalliga absteigen. Ich bin darüber sehr traurig, aber wahre Liebe hält eine Ewigkeit!

Trotzdem werde ich auch in der nächsten Saison zu den Spielen gehen, wenn mein Vater mich wieder mitnimmt. Oder ich plündere mein Konto.

Franziska Schaper (13), Gymnasium Raabeschule

# Mein Braunschweig

Ich berichte von Braunschweig, meiner Stadt,
die ich doch so gerne hab.

Eintracht wollt in die 1. Liga,
doch sie werden nicht die Sieger.
Sie waren vorher mal so gut
und jetzt verliern sie ihren Mut.

Morgens läuten schon die Glocken,
jetzt müssen alle in die Socken.
Die Glocken läuten aus dem Dom,
man hört sie auch im fernen Rom.
Drinnen liegen Heinrich und Mathilde,
sie sind hier groß im Bilde,
und ihr Löwe blickt stumm
auf dem ganzen Burgplatz rum.

Beliebt ist auch der Karneval,
man kriegt dort Süßes überall.
Wenn alle schrein: »Brunswjek Helau!«,
ist dort ein ganz großer Radau.

Zur Zeit ist im Bau das Schloss,
stand davor nicht auch ein Ross?
Klar! Mit 'nem Herzog drauf, dem Karl,
ein schönes bronzenes Reiterdenkmal.

Im Magniviertel stehen unter viel Gelächter
Leute im Kreis um unsern Nachtwächter.
Unser Hugo erzählt Geschichten
aus dem Braunschweiger Land –
mal mehr, mal weniger bekannt.

Jetzt wisst ihr was von meiner Stadt,
die ich doch so gerne hab.
Henrike Moormann (11), Wilhelm-Gymnasium

## Der Leopardenochsenlöwe

Es war der 23. Juli 1166, schwülheiß, und ich durfte natürlich mal wieder die Schweine füttern. Das ist zwar nicht
gerade angenehm, aber wie soll man als zwölfjähriger
Ochsenknecht ohne Eltern sonst sein Geld für Wasser und
Brot nebst Unterkunft verdienen?

Eigentlich kann ich es bei den Schweinen trotz des Ge-
stanks immer ganz gut aushalten, aber in dem Frühling, in
dem meine Geschichte spielt, konnte ich nur an ein gewis-
ses Etwas mit langen schwarzen Haaren, einer lustigen
kleinen Stupsnase und rehbraunen Augen denken. Dieses
gewisse Etwas hieß Lisa Gabor, war elf Jahre alt und die
Tochter der Hofzofe auf Burg Dankwarderode in Braunschweig, auf der ich den gesamten Vormittag des 23. Juli
schuftend im Schweinestall mit Füttern und Säubern ver-

20

brachte. Ist doch echt verrückt: Unsereins müht sich ab, nur damit irgendein »Hochadel« sich gehörig den Wanst vollhauen kann!

Um 13 Uhr 20 wurde ich endlich erlöst: Es gab »Mittagessen« – ein bisschen lauwarmes Dreckwasser, das der »Koch« als Suppe bezeichnete. Nachdem ich mein »Mahl« zu mir genommen hatte, ging ein Aufschrei durch die Stadt: Es ging die Kunde um, dass unser Herzog Heinrich von einem seiner Feldzüge aus Afrika zurückkam, und ratet mal, was er mitbrachte: einen stattlichen gezähmten LEOPARDEN!! Natürlich war die ganze Stadt in heller Aufregung – damals gab es noch keine Zoos, und Leoparden sind in Europa in freier Wildbahn ziemlich ungewöhnlich. Also war um 14 Uhr 30 fast die gesamte Braunschweiger Bevölkerung auf dem Burgplatz und erwartete fieberhaft die Ankunft des Herzogs. Der kam dann auch. Als er ausstieg, sah man ihn schon, den schönen, geschmeidigen Leoparden! Herzog Heinrich, der leider etwas kurzsichtig war, prahlte: »Nun, meine lieben Kinder (Herzog Heinrich nannte all seine Untergebenen Kinder), dies ist der Löwe, den ich aus … ach, irgendwo in Afrika mitgebracht habe. Wie es genau dazu kam, erzähle ich euch bald, jetzt gibt es erst mal Mittagessen!« Herzog Heinrich war ein liebenswerter alter Haudegen mit Vollbart, aber wenn es ums Essen ging, war nicht mit ihm zu spaßen.

Ich bekam den Auftrag, dem Leoparden sein Futter zu geben und die Ochsen auf die Weide zu führen.

Ich hatte gerade das Gatter geöffnet und dem Leoparden

die Fleischschüssel hingestellt, als Lisa vorbeikam. Ich war so versonnen, dass ich aus Versehen den Leoparden auf die Weide schubste und einen unschuldigen Ochsen vor die Fleischschüssel stellte. So kam es, dass Herzog Heinrich um 15 Uhr seinem versammelten Volke erklären wollte, der Ochse sei der Leopard, den Herzog Heinrich für einen Löwen hielt. Ein besonders Vorlauter rief lachend: »Aber Herr Herzog, mit Verlaub, das ist ein Ochse!«

Nach genauerem Hinsehen fiel es dem Herzog auch auf. Er wurde so wütend, dass er den unschuldigen Ochsen derart dolle traf, dass dieser in ein zufällig dort stehendes Gefäß mit flüssiger Bronze fiel. Seitdem steht er als Bronzeskulptur auf dem Braunschweiger Burgplatz. Weil ich vergessen habe, ihn wegzuräumen. (Lisa kam vorbei.)

In Braunschweig hat sich die Kurzsichtigkeit vererbt und die Braunschweiger halten die Skulptur immer noch für einen Löwen. Nicht-Braunschweiger sagen dann: »Lasst sie doch, Braunschweiger hatten schon immer was an den Augen.« Nur die Leute aus München können uns verstehen …

Vincent Jasper (11), Gymnasium Vechelde


## Ein närrischer Kerl

Vor einiger Zeit gab es im Braunschweiger Landesmuseum eine geniale Wachsfigurenausstellung. Dort wollte ich unbedingt hin und fragte meine Mutter: »Liebe Mama! Können wir uns für einen Museumsbesuch verabreden?« Sie antwortete: »Jacqueline! Heute geht das nicht. Vielleicht am Montag.« Nun musste ich noch bis Montag warten. Leider kam dann alles ganz anders. Mama kam am Montag eilig von der Arbeit nach Hause und stammelte traurig: »Ich habe leider heute Nachmittag noch eine Konferenz. Wir können nicht ins Museum gehen.« Ich wurde wütend, denn ich hatte mich so darauf gefreut. Trotzdem suchte ich nach einer Lösung und bettelte: »Mama! Bitte, ich kann doch alleine mit dem Bus in die Stadt fahren. Die Verbindung habe ich auch schon rausgesucht.« Sie willigte ein: »Na gut. Sei aber spätestens um 19 Uhr wieder zu Hause!« – »Prima!«, jubelte ich.

Um 15.05 Uhr traf ich im Museum ein. Erst ging ich durch den ersten großen Saal. Hier waren viele Bilder von Gaunern, Schwindlern, berühmten Künstlern und Erfindern zu sehen. Ich musste ausgiebig gähnen, denn ich hatte einen langen Fußmarsch vom Bahnhof bis zum Museum hinter mir. Im zweiten, für mich langweiligen Saal musste ich mich schon auf einen der rot gepolsterten und leicht angestaubten Plüschsessel setzen. Nach ein paar Minuten führte ich meine Erkundung fort, denn schließlich wollte ich zu den Wachsfiguren. Zuerst musste ich noch eine Treppe, die mit rotem Teppich ausgelegt war, zum dritten und letzten Saal hinaufsteigen. Dort standen viele interessante Wachsfiguren aus allen Herrschaftsländern. Ich schlenderte gemütlich durch den Saal. Manchmal berührte ich vorsichtig eine der Figuren, da sie aussahen, als ob sie leben würden. Ich war eine kleine Runde gegangen, kam bei der Wachsplastik Baron Münchhausen an und setzte mich zu seinen Füßen.

Plötzlich verdunkelte sich der Saal und ich schreckte zusammen. Ich erstarrte, als wäre ich selbst aus Wachs gegossen und an den Boden festgenagelt. In diesem Moment hörte ich ganz leise Schritte auf mich zukommen. Tapp, tapp, tapp. Komischerweise verstummten die Schritte wieder. Doch was war das? Da war doch etwas oder hatte ich mich getäuscht? Ich lief dorthin, wo ich ein neues Geräusch gehört hatte. Ein grässliches Heulen kam hinzu: »Huhuuu!« Mir bibberten die Knie und ich bekam es mit der Angst zu tun. Erst dachte ich noch, es wäre der Wächter, der seinen letzten Rundgang machte und ein Lied heulte. Ich wagte ein leises »Hallo«. Doch niemand gab Antwort. Weiter vorne im Saal sah ich einen Schatten. Schnell lief ich hin, weil ich hoffte, dort noch einen Museumsbesucher zu erwischen. Leider war auch hier alles leblos und still. »Was soll ich nur tun?«, fragte ich mich. Es war so schrecklich dunkel! Mein Herz pochte immer schneller und schneller.

Wenige Meter entfernt sah ich schließlich in einer Ecke Umrisse von einem komischen Kerl. Er ähnelte einem Hofnarr vom König, kicherte frech und klingelte lustig mit seinen Glöckchen, die er auf dem Kopfe trug. Ich wagte kaum zu atmen, denn jetzt kam dieser Narr auf mich zu. Er kam immer näher und ich blieb wie angewurzelt stehen. Dann sprach er mich an: »Bist du bereit? Ich habe dich ausgewählt!« – »Bereit!? Wofür?«, fragte ich erschrocken. Der Narr brummelte: »Na! Weißt du nicht, wer ich bin?« Ich antwortete: »Nein!«, denn es war dämmrig und ich konnte ihn nicht so gut erkennen. Nun lachte der Kerl höhnisch: »Haha! Ich bin der närrische Till Eulenspiegel und spielte schon als Kind viele freche Streiche und hatte viel Spaß mit alten und jungen Menschen. Und wie heißt du, junge Dame?« Ich war überrascht, antwortete aber schnell: »Ich heiße Jacqueline Kreuzer und komme aus Meine.« – »Wie meine, deine, keine, Kleine«, lächelte Till. Nun war ich ein bisschen verwirrt. Der närrische Kerl sprach weiter: »Wie, du bist doch nicht gerade klein geraten. Kleine, meine, deine! Was ist das eigentlich für ein Ort?«

Endlich kam ich zur Besinnung und merkte, was für einen Schabernack dieser Kerl mit mir trieb. Langsam verlor ich auch meine Angst, denn Till Eulenspiegel kannte ich aus dem Geschichtenbuch von Mama. Jetzt legte ich los und wollte ihn auch auf den Arm nehmen. Mir fielen viele komische Namen für ihn ein, z.B. nannte ich ihn Keulentiegel, Salgenspiegel, Seulerstriegel. Das Gespräch dauerte ziemlich lange und schließlich lud er mich ein: »Liebes Fräulein! Haben Sie jetzt Lust, mit mir ein bisschen Schabernack und kleine Späßchen zu machen? Das wäre mir eine Ehre, denn Sie sind ja fantastisch im Späßemachen.« Natürlich nahm ich das Angebot an, denn ich freute mich darauf, ein paar Leute reinzulegen.

Als Erstes schlichen wir heimlich zur Garderobe und vertauschten sämtliche Hüte der letzten Besucher des Museums. Nach einiger Zeit wurden einige Besucher ziemlich ärgerlich und beschwerten sich beim Museumsdirektor.

Uns fiel schnell etwas Neues ein. Wir holten uns aus dem Saal mit den Wachsfiguren die Kleidung von Räuber Hotzenplotz und Baron Münchhausen. Till rief: »Los, zieh die Sachen von Räuber Hotzenplotz schnell an. Wir wollen den Wächter erschrecken.« Ich starrte ihn verdutzt an: »Wie willst du das denn machen?« – »Beim nächsten Rundgang werden wir uns an den Platz der Wachsfiguren vom Räuber und dem Baron stellen. Wenn dann der Wächter vorbeikommt, tippen wir ihm auf die Schulter. Das wird ein Riesenspaß.«

Nach einiger Zeit marschierte der Wächter auch in unseren Saal, direkt an Baron Münchhausen vorbei. Ich musste mir das Lachen verkneifen, als Till, verkleidet als Baron Münchhausen, den Wächter in den Po zwickte. Der schrie laut auf: »Aua! Wer war das? Hier sind doch alle nur aus Wachs!« Jetzt war ich an der Reihe. Ich piekste ihm mein Gummimesser in den Rücken. Doch diesmal waren wir zu weit gegangen! Auf einmal packte mich der Wächter. Ich strampelte mit den Beinen und versuchte mich verzweifelt zu wehren, aber es ging nicht. Till hatte sich aus dem Staub gemacht und mich allein gelassen. Er war wie vom Erdboden verschwunden. Das fand ich sehr gemein. Schließlich haben wir die Streiche gemeinsam ausgeheckt und es waren doch mehr seine Ideen!

Da hörte ich einen schrillen Ton. Hatte ich mich verhört oder war das die Alarmanlage? In diesem Moment kamen ein paar Besucher in den Saal gelaufen. Ich schlug die Augen auf und sah die Bescherung: Baron Münchhausen und Räuber Hotzenplotz lagen umgekippt am Boden. Es kam noch schlimmer, auch der Direktor traf mit seinen Wächtern im Schlepptau ein. Er war in heller Aufregung. Alle starrten mich an, und ich hatte nicht den Mut, zu sagen, was passiert war. Nach ein paar Minuten tauchte auch noch die Polizei auf. Zum Glück erkannte ich meinen Papa, der heute Dienst hatte. Mit Tränen in den Augen lief ich ihm in die Arme und erzählte von meinem komischen Traum. Er schmunzelte und flüsterte mir ins Ohr: »Ganz ruhig, wir bekommen das wieder in Ordnung.«

Schließlich tauschte mein Vater mit dem Direktor Telefonnummern aus, damit alles in Ruhe geklärt werden konnte. Er brachte mich mit dem Streifenwagen nach Hause und ermahnte mich: »Lass dich nie wieder mit einem Narren ein, er könnte gefährlich sein!«

Lina Klingenberg (9), Grundschule am Zellberg Meine

# Wie Till doch noch um das Hechtsprungtraining herumkam

Till Eulenspiegel wanderte nach seinen Streichen in Saale, Schöppenstedt … wieder zurück nach Braunschweig. Dort hatte man sich den Namen Till Eulenspiegel schon gemerkt, doch Till hatte versprochen, den Bürgern keinen Streich mehr zu spielen, was aus seiner Sicht aber nicht den Schwimmverein betraf. Nach seiner Taufe in Schöppenstedt sollte er in Braunschweig den Hechtsprung lernen.

Also meldete er sich zu einer Einzelstunde im Schwimmbad an. Till hatte nicht richtig Lust und überlegte, wie er um den Hechtsprung herumkommen könnte. Um nachzudenken, wanderte er um die Riddagshäuser Teiche. Am Ufer eines Teiches war ein großes Schild, auf dem stand: »Hechte füttern verboten!«

Doch Till zog ein Brot aus der Tasche und fütterte die Hechte. Dann fing er einen Hecht und legte ihn in einen Eimer, den er mit Süßwasser gefüllt hatte. Nun machte er sich auf ins Schwimmbad, wo er schon von seinem Trainer erwartet wurde. Als der ihn aufforderte, einen Hechtsprung zu machen, holte Till Eulenspiegel den Eimer hervor und schmiss den Hecht ins Wasser.

Der Trainer ärgerte sich fast zu Tode und so wollte auch der Schwimmverein nichts mehr mit Till Eulenspiegel zu tun haben. Er wurde aus Braunschweig verjagt und vertrieben und bekam bestimmt kein gutes Wort mehr zu hören.

*Svenja Bothe (11), Gymnasium Anna-Sophianeum Schöningen*

# Erpressung auf dem Nussberg

Letzten Sommer verabredete ich mich mit meinem Freund Norman. Wir trafen uns mit dem Fahrrad am Bunker auf dem Nussberg. Als wir dort ankamen, beschlossen wir, in den Wald hinter dem Bunker zu fahren. Dort gab es ein hügeliges Gelände und steile Abfahrten. Wir rasten durch den Wald, machten Stunts und Vollbremsungen, als auf einmal Jugendliche kamen. Anfangs ließen sie uns noch in Ruhe, aber dann umkreisten sie uns und trieben uns in die Enge. Sie riefen: »Rückt 10 Euro raus! Dann werden wir euch in Ruhe lassen!« Doch Norman sagte mutig: »Wir fordern euch heraus zu einem Wettrennen. Wenn wir gewinnen sollten, lasst ihr uns gehen. Wenn wir aber verlieren, zahlen wir euch 10 Euro. Abgemacht?« – »O.K.!«, antwortete der Anführer der Jugendlichen. Doch Norman wollte noch etwas wissen: »Können wir mit zwei Fahrern fahren?« Die Jugendlichen lachten spöttisch: »Nein! Sonst würdet ihr beiden während des Rennens abhauen. Deinen Freund benutzen wir als Geisel!« Mir lief es eiskalt den Rücken runter.

Norman schob mit zitternden Knien sein Fahrrad zum Start. Der Anführer rief: »Bis da hinten zu der Eiche geht das Rennen!« Norman kam beim Start gut weg, aber der Jugendliche war schneller als er. Doch plötzlich geschah etwas Unerwartetes. Norman fuhr von der Strecke ab. Die Jugendlichen sahen dies und liefen vor Wut rot an. Jetzt war ich mutterseelenallein unter ihnen. Ein großer dicker Junge drohte: »Gleich vermöbeln wir dich, bis du grün und blau wirst.« Ich hielt mir schon die Augen zu und wartete auf den ersten Schlag.

Doch da rief eine Männerstimme: »Lasst den Jungen in Ruhe!« Das war meine Rettung. Die Jugendlichen flüchteten schnell. Wir bedankten uns bei dem Herrn und fuhren erleichtert mit unseren Fahrrädern nach Hause.
Phillip Volland (11), Neue Oberschule

# Zwei Löwen für eine Stadt

»Wie kann das sein?«, dachte Leopold und fauchte wütend. »Einfach eine billige Kopie auf den Burgplatz zu stellen! Da ruhe ich mich ein paar Jährchen ein bisschen aus und beschließe, ein kleines Nickerchen zu halten, schon werde ich durch jemanden ersetzt und verstaube in einem Museum, wo es Tag und Nacht dasselbe ist: Ich werde nur angestarrt und die Leute lesen vielleicht gerade noch das Informationsschild. Dann geht die Gruppe zum nächsten Ausstellungsstück weiter. Gähn! Mein alter Herr Heinrich hätte das nie zugelassen. Na, diesem Möchtegernburgplatz-Löwen werd ich's zeigen!«

· Knurrend stand Leopold auf, verließ das Museum und ging auf Leo, den neuen Löwen, zu. Dieser bemerkte ihn jedoch nicht und rümpfte gerade arrogant die Nase. Als Leopold vor ihm stand, warf Leo ihm einen abschätzigen Blick zu und fragte spöttisch: »Wer bist du denn, Opa?« – »Dieser Opa«, brauste Leopold auf, »ist der echte Löwe, der über Braunschweig wacht, und nicht nur eine dumme Nachbildung.« – »Tja, mag sein, dass ich nicht der echte bin«, entgegnete Leo. »Aber du bist offensichtlich zu alt für meinen Job, sonst hätte man dich wohl kaum ins Museum gestellt, und außerdem …« – »Wer hier zu alt für diese Arbeit ist«, unterbrach Leopold den Jüngling, »werden wir ja sehen, und zwar morgen um Mitternacht. Hier an dieser Stelle!« Mit diesen Worten drehte Leopold sich um und ging. Erst jetzt kamen ihm leise Zweifel. Worauf hatte er sich nur eingelassen? Er war doch keine zwanzig mehr! Als Älterer hätte er sich nicht provozieren lassen dürfen.

Trotzdem würde er kämpfen. Er hatte schließlich auch seinen Stolz.

In der nächsten Nacht verließ Leopold mit mulmigem Gefühl das Museum. Aber nicht nur er schien nervös zu sein. Auch Leo war von seinem Sockel gestiegen und ging unruhig auf und ab. Als beide ihre Kampfstellung eingenommen hatten und Leopold zum ersten Tatzenhieb ausholen wollte, sagte Leo plötzlich: »Ich glaube, wir brauchen nicht zu kämpfen. Du gewinnst sowieso. Du hast doch viel mehr Erfahrung als ich. Den Platz hier draußen kannst du auch wiederhaben. Ich bin viel zu feige, um mit dir zu kämpfen.« Überrascht erwiderte Leopold: »Ich finde dich gar nicht feige. Ich finde es sehr mutig von dir zuzugeben, dass du Angst hast, und weißt du was: Ich hatte auch Angst, weil du doch viel jünger bist. Ach, ich glaube, es ist auch besser, wenn du hier draußen bleibst. Meine Knochen spielen nicht mehr so gut mit. Aber was hältst du davon, wenn ich dir einmal in der Woche Löwen-Unterricht gebe? Du lernst die Geschichte unserer Vorfahren kennen, die merkwürdigen Gewohnheiten der Menschen verstehen und im Notfall die Stadt zu verteidigen. Was meinst du?« – »Super Idee! Morgen fangen wir an«, rief Leo begeistert. »Abgemacht!«, erwiderte der alte Löwe und gähnte. »Ich glaube, ich gehe jetzt wieder schlafen. Gute Nacht!« Mit diesen Worten drehte Leopold sich um und ging ins Museum zurück. Dort rollte er sich zusam-

men und dachte: »Wie gemütlich ich es hier doch habe!«
Und dann war er auch schon eingeschlafen.

Ana Violeta Alvarado (12), JGS Franzsches Feld

# Der Zweite Weltkrieg in Braunschweig

*Teil I: Die Jugendzeit meiner Oma.* Ich bin Sophie und
komme aus Braunschweig. Meine Eltern und meine Oma
auch. Oma Ursula Luisa (so ist ihr Name) ist die einzige
Oma, die mir noch geblieben ist. Gott sei Dank kann mir
Oma Ursula ganz viel aus der Kriegszeit erzählen.

Als sie im Jahre 1922 zur Welt kam, war ihre Mutter
schon 42, ihr Vater 50 und ihre Schwester bereits 20 Jahre
alt. Zu dieser Zeit wohnten sie in der Hamburger Straße,
einige Jahre später zogen sie in die Amalienstraße. Von
1931 bis 1939 besuchte meine Oma die Pestalozzischule,
die es heute noch gibt. Ab 1939 machte sie eine Lehre in
einer Elektro- und Radiogroßhandlung. Dort lernte sie ihren späteren Mann, Alfred Kumpe, kennen.

Am 1. September 1939 brach der Zweite Weltkrieg aus.
Meine Oma meinte, dass sie vom Krieg am Anfang nur
wenig mitbekommen hat. Der zukünftige Mann meiner
Oma kam 1941 zum Arbeitsdienst nach Frankreich. Das
hatten die Nationalsozialisten (Nazis) so bestimmt. Dort
musste er Straßen bauen. Später musste er als Soldat nach
Russland. Meine Oma und mein Opa schrieben sich Brie-
fe, auf die sie wochenlang warten mussten.

*Teil II: Bombenalarm.* 1944 war das schlimmste Kriegsjahr für Oma und die Stadt Braunschweig. Wenn es Bombenalarm gab, mussten die Fenster verdunkelt werden, so dass kein Licht nach draußen kam. Die Bombenflieger sollten die Stadt nicht erkennen können. Oma Ursula erzählte mir, dass man seine Kleidung beim Schlafen anließ, damit man bei Alarm schnell in den nächsten Keller oder Bunker laufen konnte. Im Radio konnte man erfahren, wann der nächste Bombenalarm war. Manchmal zogen die Bomber weiter nach Magdeburg oder Berlin, aber manchmal traf es auch Braunschweig. Am 10. Februar 1942 gab es einen schweren Bombenangriff auf Braunschweig, erzählte meine Oma. Und am 15. Oktober 1942 (da war meine Oma gerade zwanzig Jahre alt) wurde das Wohnhaus, in dem ihre Familie wohnte, von Bomben völlig zerstört.

Meine Oma, ihre Mutter und Schwester und die Nachbarn konnten sich in den Keller des Hauses retten. Sie hatten all ihre Sachen verloren. Doch niemand wurde dabei verletzt. Jedes Mal, wenn es hieß: »Es ist Bombenalarm in Braunschweig«, bekam meine Oma es mit der Angst zu tun. Sie konnte kaum noch schlafen und dachte immer: Wann ist der blöde Krieg bloß vorbei?

*Teil III: Braunschweig nach dem Krieg.* Nach dem Zweiten Weltkrieg war Braunschweig nicht wiederzuerkennen! Die meisten Straßen und Häuser, davon auch viele Fachwerkhäuser, waren zerbombt. Das war ein trauriger Anblick für jeden Braunschweiger. Viele hatten ihre Wohnung verloren und auch meine Oma musste nach einer neuen Bleibe suchen. Mit ihrer Familie (ihrer Mutter, ihrer Schwester und ihrem Mann) zog sie schließlich in eine 1½-Zimmer-Wohnung. 1946 kam dann auch ihre Tochter Jutta dazu, die Schwester von meinem Vater. Meine Oma sagte mir, dass sie sich das selbst nicht mehr vorstellen kann, mit fünf Personen in solch einer kleinen Wohnung gelebt zu haben.

Sophie Kumpe (10), Realschule Georg-Eckert-Straße


## Der schlimmste Tag meines Spuk-Lebens

Im Jahre 1830, einen Tag bevor die Bürger von Braunschweig das Schloss anzündeten, lag ich, das Schlossgespenst Spuk, in meiner Truhe auf dem Dachboden des Schlosses des grausamen Herrschers Karl II. und ahnte von nichts. Ich bin kein gewöhnliches Schlossgespenst, das nur von Mitternacht bis 1.00 Uhr spukt, sondern eins, das spukt, wenn es gerade Lust dazu hat. Langsam wachte ich auf, reckte und streckte mich. Die Truhe war hart, aber recht warm. Ich schwebte auf und sah zum Fenster hinaus. Draußen ging gerade die Sonne auf. Es war alles wie immer. In Richtung Bohlweg fuhr eine Pferdebahn. Der Schlossvorplatz lag ruhig und leer da.

Oder doch nicht, da war jemand. Jetzt konnte ich an die Arbeit gehen und erschrecken. Ich öffnete das Fenster und spuckte dem Mann auf den Kopf. »Hey, was soll das?«, brüllte er erschrocken. Ich schwebte ins Erdgeschoss und versteckte mich hinter einer Säule. In der Zwischenzeit war der Mann ins Schloss gekommen. Er ging geradewegs auf eine Tür zu, klopfte an und ging, ohne auf Antwort zu warten, hinein. Ich lauschte. »Hallo, wie geht's?«, fragte eine dunkle Frauenstimme. »Ganz gut«, antwortete der Mann. »Du, Margarete, wir müssen noch alle Schlossgespenster entfernen, bevor wir das Schloss und Karl II. stürmen.« – »Warum denn?«, fragte sie genervt. »Die stören doch nicht.« – »Doch. Zum Beispiel hat mir gerade vorhin eins auf den Kopf gespuckt.« – »Also gut, wie du willst«, keifte Margarete. »Entferne sie meinetwegen. Aber das Schloss wird pünktlich gestürmt!«

Da blieb mir fast das Gespensterherz stehen. Mein schönes Schloss sollte gestürmt und ich entfernt werden?! So weit durfte es nicht kommen. Der Mann kam wieder heraus. Ich konnte es mir nicht verkneifen, ihn in sein fettes Hinterteil zu beißen. »Aua!«, heulte er auf. »Immer diese Gespenster!« Dabei hatte ich bemerkt, dass er seinen Schlüssel in der Hosentasche trug. Den schnappte ich mir und verschwand blitzschnell hinter einer Säule. Als der Mann verschwunden war, flitzte ich zu meiner Truhe. Jetzt konnte nichts mehr passieren, denn wenn alle draußen waren, schloss Karl II. immer ab. Sanft und friedlich schlief ich ein.

Am nächsten Morgen wurde ich davon geweckt, dass jemand die Bodenluke öffnete. Der Mann vom Vortag trat auf den Dachboden. Blitzschnell schoss ich aus der Truhe und zum Fenster hinaus. Das hätte ich mir doch denken können! Er hatte einen Ersatzschlüssel. Der hintere Teil des Schlosses brannte schon. Auf dem Vorplatz standen viele Leute mit Fackeln. Der Mann allerdings kam nicht mehr heraus. Das hatte er auch verdient!

Das war's dann mit dem schönen Braunschweiger Schloss. Zwei Tage später war es völlig niedergebrannt. Ein einziger Trümmerhaufen von rauchender Asche. Die Zeit danach lebte ich frei, zog einsam durch die Stadt. Bis das heutige Braunschweiger Schloss gebaut wurde. Die Arkaden in den ersten drei Etagen sind toll! Hier lebe ich jetzt und hoffe, dass es nicht auch abgefackelt wird.

Florian Bucher (11), Gymnasium Ricarda-Huch-Schule

# In Ketten

»... und dann bleiben wir so lange da, bis sie aufgeben!« Ich saß gerade mit Martin und Steffi in unserem Stammcafé und wir diskutierten über den Abriss unserer wunderschönen Eissporthalle. Die war bei uns schon seit Wochen das Thema Nummer eins, denn wir sind alle leidenschaftliche Eisläufer.

Ach, vielleicht sollte ich mich erst einmal vorstellen: Mein Name ist Vanessa, ich bin 13 Jahre alt und wohne in unserem wunderschönen Braunschweig. Na ja, eigentlich wohne ich in einem kleinen Stadtteil mit dem Namen Stöckheim.

So, jetzt aber wieder zum Thema, dem Abriss der Eishalle. Eigentlich liebe ich unsere Stadt ja, mit dem neuen Schloss, den Schloss-Arkaden und den Geschäften in der Innenstadt. Aber das geht zu weit! Die können doch nicht einfach unsere Eishalle abreißen! Die wollen daraus eine Schwimmhalle bauen. Wer braucht schon eine Schwimmhalle?! Ich jedenfalls nicht.

»Hallo, ihr drei!« Ach so, die habe ich ja ganz vergessen. Da sind ja auch noch Anna, Phillip und Katrin, die gerade dazugekommen sind. Vielleicht sollte ich euch etwas über unser Projekt erzählen: Die Eishalle soll in drei Tagen abgerissen werden und wir wollen das natürlich verhindern. Also ketten wir uns am Tag des Abrisses an die Eishalle. Unser Ziel: Das Schwimmbad bleibt auf dem Papier und die Eishalle in Braunschweig. »In drei Tagen geht es endlich los!« Habe ich das eben richtig gehört? Schon in drei Tagen?!

Drei Tage später … Heute ist es so weit. In genau zwei Stunden und dreizehn Minuten soll mit dem Abriss begonnen werden. »Vanne! Beeil dich!« Okay, gleich wird es ernst. Wir sitzen gerade in der Straßenbahn und fahren an der Ludwigstraße vorbei. »Nächster Halt: Schützenplatz«. Wir sind gleich da. Die Straßenbahn hält an und wir steigen aus. Und da kommt auch schon die Oberclique. Die nennen sich »die Smarties«. Ich gebe ja zu, dass der Name nicht so gut klingt. Aber das würde ich ihnen lieber nicht sagen. Auf jeden Fall kommen sie da gerade um die Ecke, mit den schweren Eisenketten in der Hand. Sie ketten uns alle an die Eishalle …

… und kurz danach kamen auch schon die »Bullen«! Wahrscheinlich musste ihnen schon irgendjemand von unserem Projekt erzählt haben, denn sie waren mit Schlagstöcken bewaffnet. Als Erstes versuchten wir das noch sehr gesittet zu klären, aber schon nach ein paar Minuten war die Situation eskaliert. Wir machten uns von den Ketten los und es gab eine Massenschlägerei. Ich hielt mich mit noch ein paar anderen im Hintergrund. Erst als die Polizei gedroht hat, die Schläger mit aufs Revier zu nehmen, haben wir aufgegeben.

Wir sind zwar immer noch sauer, dass unsere Eishalle nicht mehr da ist, aber wir haben uns jetzt langsam an das Schwimmbad gewöhnt. Und der Vorteil ist ja auch, dass es zu jeder Zeit geöffnet hat, und nicht nur im Winter, wie die Eishalle.

Vanessa Vehrke (13), Gymnasium Raabeschule

# Bienenhochzeit

Sommer im Garten am Lünischteich. Unter dem Birnbaum blinkten die Insekten im Sonnenlicht. Sie summten eine Melodie und ich summte mit. Ich stützte eine Malve mit einem Stecken, zupfte Unkraut, tat dies und das und zwischendurch nichts. Da sprach eine Biene mich plötzlich an. »Heute hat unsere Königin Hochzeit«, sagte sie. »Wir suchen einen Brautführer, mein Volk und ich. Nun ist die Wahl auf dich gefallen.« Ich rieb mir die trockene Erdkruste von den Fingern. »Danke«, sagte ich. »Und was soll ich anziehen?« – »Flügel«, sagte die Biene. Dann gab sie mir ein kleines Fläschchen und sagte: »Hier, trink das, der Rest wird sich von allein tun.« – »Aber wo findet die Hochzeit überhaupt statt?«, fragte ich verwirrt. »Heute Abend, auf der großen Wiese an der Windmühle«, rief sie und flog davon.

Nun war ich ganz allein und stand ratlos im Garten. Nachdenklich sah ich mir das Fläschchen an, gab mir einen Ruck und trank es mit einem Schluck aus. Nach ein paar Sekunden wurde mir ganz seltsam zumute und alles um mich herum begann zu wachsen. Nein, nicht alles begann zu wachsen, sondern ich wurde immer kleiner, bis ich so klein wie eine Biene war.

Nachdem ich den ersten Schrecken überwunden hatte, machte ich mich gleich an die Arbeit. Aus Gänseblümchenstängeln und Kleeblättern bastelte ich Flügel, die ich auf meinen Rücken band. »So«, sagte ich mir, »das wäre erledigt.« Jetzt brauchte ich nur noch ein Geschenk für das Brautpaar. Während ich so dasaß und überlegte, fiel mein Blick auf unseren Johannisbeerstrauch. Das war es, dachte ich, ich bringe dem Brautpaar zwei große rote Johannisbeeren mit. Da es langsam Nachmittag wurde, machte ich mich auf den Weg zur großen Wiese. Dort wurden alle Gäste freundlich empfangen. Als dann auch Frau Regenwurm, Herr Tausendfüßler, Familie Schmetterling und Frau Marienkäfer kamen, konnte das Fest beginnen.

Ich führte die Bienenkönigin zum Altar, wo Herr Grashüpfer die Hochzeitsrede sprach. Danach gingen wir alle zum Festessen. Es gab: Nektarplätzchen, Apfelstrudel, Pfefferminzsuppe, Pilzauflauf und Walderdbeersaft. »Das Essen ist ganz köstlich!«, sagte ich zur Braut. Während ich der fröhlichen Hochzeitsgesellschaft zusah, spürte ich plötzlich ein warmes Kitzeln an Augen und Nase.

Ich musste niesen und schlug verwundert die Augen auf. Durch das Blätterdach unseres Birnbaumes sah ich den blauen Sommerhimmel. Sonnenstrahlen tanzten auf meinem Gesicht, es roch nach Sommer und weit entfernt hörte ich meine Eltern reden. Verwundert blickte ich mich um, rieb mir die Augen und bemerkte, das alles nur ein wunderschöner Traum war.

Annika Hesse (11), Martino-Katharineum

## Mein Weg nach Braunschweig

Hallo, ich heiße Bahoz und komme aus dem kurdischen Teil des Iran. In meiner kleinen Geschichte erzähle ich euch, wie ich nach Braunschweig gekommen bin. Meine Mutter kam natürlich auch mit, denn mein Vater lebte schon in Braunschweig. Die Geschichte, die ich erzähle, ist wahr.

Damals war ich fünf Jahre alt und verstand gar nichts, als wir abfuhren. Mutter hatte immer gesagt, dass wir Papa wiedersehen, und da habe ich natürlich eingewilligt.

Wir fuhren mit einem Taxi an die türkisch-iranische Grenze. Dort sind wir mit unserem Pass über die Grenze gefahren. Wir blieben acht Tage lang in der Türkei, denn wir bekamen einfach keine Mitfahrgelegenheit. Also mussten wir für eine Weile in ein Hotel ziehen. Um Geld für die Weiterfahrt zu sparen, wollten wir unser Zimmer mit einer jungen Frau teilen. Diese Frau bezahlte genauso wie wir für ihren Aufenthalt. Da unser Zimmer nur ein Bett hatte, mussten alle darin schlafen. Am achten Tag gingen wir alle früher ins Bett, denn wir hatten es endlich geschafft: Am nächsten Tag konnten wir in einem Laster voller Flüchtlinge mitfahren. Aber bis es so weit war, holten wir uns noch eine Mütze voll Schlaf.

In dieser Nacht hatte ich die junge Dame für meine Mutter gehalten und sie die ganze Nacht umarmt. Ich schlief seelenruhig, bis meine Mutter mich um drei Uhr morgens aufweckte. Denn um diese Zeit sollte unser Laster nach Griechenland fahren. Wir sind dort rechtzeitig angekommen und über die Grenze gefahren. Damals verstand ich nichts. Ich hatte eine kleine Taschenlampe, die ich immer an- und ausgemacht habe. Darüber war meine Mutter sehr böse.

Unser Aufenthalt in Griechenland hat nur zwei Tage gedauert, denn wir haben sofort eine Mitfahrgelegenheit bekommen. Meine Mutter hat mir eine Schlaftablette gegeben, und als wir im Laster waren, schlief ich sofort ein. Als ich aufwachte, waren wir längst in Italien.

Dort erwartete uns schon mein Vater, aber ich wusste nichts davon. Meine Mutter hatte einfach nur gesagt, dass ich mitkommen sollte, was ich auch tat. Die Wiedersehensfreude war so groß, dass wir alle in das beste Restaurant der Gegend gefahren sind.

Der Rest der Reise verlief legal, dank meines Vaters. Ich lebe heute noch in Braunschweig, hier sind inzwischen meine zwei Geschwister geboren worden, mein kleiner Bruder geht schon zur Schule.

In fünfzehn Tagen sind wir hier nach Braunschweig gekommen. Ich habe hier viele Freunde gewonnen, die in Deutschland geboren sind. In meiner alten Heimat war nichts so schön wie hier in Deutschland.

Bahoz Taufik (13), Wilhelm-Bracke-Gesamtschule

# Die Naschkatze

Am 3. Februar 2007 durfte ich bei einem Bundesligaturnier der Standardformationen in Braunschweig als Teambetreuer einer der sieben auswärtigen Mannschaften dabei sein. Da der Braunschweiger Tanz-Sport-Club (BTSC), in dessen Nachwuchsformation ich tanze, das Turnier ausrichtete, bekam jede fremde Mannschaft einen Teambetreuer vom BTSC zugeteilt, der Fragen und Probleme lösen sollte.

Gleich nach der Ankunft der Mannschaften in der Braunschweiger Volkswagenhalle passierte Folgendes: »O nein, meine Hose ist verschwunden!«, rief ein Tänzer aus dem von mir betreuten Team. Seine Partnerin rief: »Na toll, wie sollen wir jetzt auf die Bühne gehen?« – »Das würde ich auch gerne wissen«, sagte ein anderer aus dem Team. Da kam Martin, der Trainer, herein und fragte: »Was ist denn hier los? Man hört euch ja bis nach draußen!« Der Mann ohne Hose rief verzweifelt: »Meine Hose ist verschwunden!« – »Schon wieder eine Panne, warum passiert immer nur uns so etwas?« – »Wo warst du denn mit deinen Sachen, Frank?«, fragte Martin. »Im Bus hatte ich sie noch. Ich könnte die Hose überall auf dem Weg vom Bus bis hier verloren haben«, antwortete Frank betrübt. »Tja, dann müssen wir wohl überall suchen«, grinste Martin und schickte Frank und mich auf den Weg, denn eine Ersatzhose wäre bei Franks Kleidergröße nirgends zu leihen gewesen.

Wir suchten die Gänge ab und trafen dabei eine Tänzerin aus einem anderen Team, die auch etwas zu suchen schien. Sie fragte uns: »Habt ihr einen dunkelroten Tanzschuh gesehen?« – »Nein, aber es ist witzig, dass auch euch etwas fehlt, uns fehlt nämlich eine Hose, habt ihr eine Hose gesehen?« Die fremde Tänzerin schüttelte nur den Kopf und lachte. Nach einer halben Stunde hatten weder wir noch Franks Mannschaftskollegen die Hose gefunden. Die Verzweiflung war groß, denn schon bald sollte die Stellprobe beginnen, also der erste Auftritt der Mannschaft auf dem Tanzparkett.

In diesem Moment hörte ich etwas rascheln. Ich ging in die Richtung, aus der es kam. Da sah ich einen Kater unter einer Bank in der Umkleidekabine, der an etwas zu knabbern schien. Und er saß auf etwas Schwarzem! Ob das Franks Hose war? Ich kniete mich neben den Kater und sah mir den schwarzen Stofffetzen genauer an. Doch der Kater fauchte mich an und ich zog schnell die Hand zurück. Die anderen hatten den Kater jetzt auch bemerkt, und als sie alle auf ihn zukamen, suchte er das Weite und gab seine »Beute« frei. »Hier ist die Hose, ein Kater hat sie sich geholt und an der Schokolade geknabbert, die darin gewesen sein muss!« – »Du und deine Nascherei«, lästerte der Trainer und sah Frank augenzwinkernd an.

Die ganze Aufregung sah man ihnen zum Glück bei ihren Auftritten auf dem Tanzparkett nicht an. Die acht erfahrenen Tanzpaare absolvierten ihr Programm, als ob nichts gewesen wäre. Wenn man bedenkt, dass sie einem peinlichen Auftritt mit einem Mann ohne Hose nur knapp entgangen waren, fand ich das sehr erstaunlich und sagte das auch dem Trainer. Der lachte nur und meinte: »Hast du wirklich geglaubt, wir hätten Frank ohne Hose auf das Parkett geschickt? Zur Not hätten nur sieben Paare getanzt, das ist durchaus erlaubt, aber natürlich nicht so toll für die Wertung.«

Eigentlich schade, dachte ich, ein Tänzer nur in Unterhose wäre doch mal etwas anderes gewesen.

Janine Schlaak (10), Otto-Hahn-Gymnasium Gifhorn

# Spieglein, Spieglein

»Spieglein, Spieglein an der Wand, welch's ist die best' Stadt im Land?«, wollte Heinrich der Löwe wissen. Dabei rückte er an seiner Lieblingsperücke. Sie war weiß und wellig. Nur etwas rutschig. Ärgerlich zog er sie sich vom Kopfe und kratzte sich an seiner Glatze. Dann zog er dem Spiegel die Decke weg, um zu kontrollieren, ob seine Glatze mal wieder rasiert werden müsste. Und außerdem wartete er immer noch auf die Antwort zu seiner Frage.

Neben ihm richtete sich der Spiegel inzwischen auf. Er war nur mit einem dünnen Nachthemd bekleidet und fror darin. »Hätschi! Wo ist meine Decke?« Der Spiegel wischte sich seine Nase notdürftig an der weißen Perücke ab, woraufhin Heinrich der Löwe ihn mit einem bösen Blick bestrafte. »Ich habe dir eine Frage gestellt!!!«, bellte Heinrich der Löwe ungeduldig. Der Spiegel starrte ihn verständnislos an. Eine Frage? Dessen konnte er sich gar nicht entsinnen! Doch er startete einen Versuch: »Ob der Kaffee fertig ist? Tut mir leid, mein Herr, da fragen Sie den Falschen.« – »Ich habe dich nach der besten Stadt gefragt.« Wütend zerrte sich Heinrich der Löwe die feuchte Perücke wieder über den Kopf.

»Braunschweig!« Mit gespielter Ehrfurcht verbeugte sich der Spiegel, so dass es in seinem Inneren nur so knackte. »So, so. Und warum, wenn ich fragen darf?«, erkundigte sich Heinrich interessiert.

Der berühmte Löwe von Heinrich, der die ganze Zeit

brav auf seiner Seidendecke gelegen hatte, rollte genervt mit den Augen. Die Fragen seines Herrchens wurden ja immer aufdringlicher! Als wäre es nicht die einfachste Frage der Welt, welche Stadt die beste und schönste ist. Braunschweig! Warum? Tja, das lag erstens an der Landschaft – die Oker und die ganzen Parks, wo er mit seinem Herrchen immer Gassi ging. Zweitens an der schönen Altstadt, den vielen Kirchen und historischen Gebäuden, und an dem tollen Löwendenkmal, das nur ihm galt. Und nicht zuletzt an den netten Leuten, die ihm immer feinstes Geflügel servierten. Und dann natürlich an der langen und ruhmreichen Geschichte Braunschweigs, der Kultur.

Der Spiegel hatte sich mittlerweile ebenfalls Gedanken gemacht: »Weil ich mich hier eigentlich wohl fühle. Eigentlich!« Sehnsüchtig warf er einen Blick auf seine Decke, die immer noch neben statt auf ihm ruhte. Als sie ihm nach ein paar bettelnden Blicken gegeben wurde, verbesserte er sich: »Sehr wohl sogar.«

Der Löwe schüttelte fassungslos den Kopf über das Verhalten des Spiegels. Doch dann dachte er: Das ist meine Rede in Kurzfassung! Er beugte sich über das frisch servierte goldene Schälchen, in dem sich ein herzhaftes Hähnchen befand, und kostete. Hm, das ist gar nicht so schlecht, dachte der Löwe. – War ja auch nach braunschweigischem Rezept zubereitet!

Joanna Giesbrecht (11), Gymnasium Kleine Burg

# Ganz Braunschweig läuft

Ich hatte die ganze Zeit daran gearbeitet. Der entscheidende Tag war nun gekommen. Endlich war der Nachtlauf da. Unsere Schule traf sich an der Kirche am Lessingplatz. Als alle Kinder da waren, wurden die Startnummern verteilt. Als auch dies geschehen war, machten wir uns auf den Weg zum Bohlweg. Schon vor der Ankunft sahen wir, dass schon viele Kinder da waren. Autos und Motorräder dagegen, wie man es gewohnt ist, waren nicht mehr zu sehen. Schließlich waren wir auf der Start- und Zielgeraden.

Schon jetzt zitterten mir die Beine, obwohl es noch fünfzehn Minuten bis zum Start waren. Als ich wieder auf die Uhr sah, waren es nur noch zehn Minuten. Jetzt waren richtig viele Kinder da. Ich unterhielt mich noch mit anderen Schülern, doch da kam der Countdown. Als ich reagierte, fiel schon der Startschuss. Nach weiteren fünf Sekunden lief ich los.

Es war ein ziemliches Gedrängel. Als die erste Kurve geschafft war und das Feld sich ein bisschen auseinandergezogen hatte, setzte mein Gesicht ein Lächeln auf. Schnell war das Feld bei der Buchhandlung Graff. Beim Gymnasium Martino-Katharineum war ich im vorderen Teil des Feldes, denn ich hatte schon viele Kinder und Jugendliche überholt.

Auf dem Kohlmarkt hat es mich beeindruckt, wie viele sich für den Nachtlauf interessieren. Bei Karstadt vorbei zu C&A. Dort sah ich einen Jungen aus meiner Hockeymannschaft. Ich dachte immer, er wäre sehr viel schneller als ich. Doch das habe ich nur gedacht. Auf der Zielgeraden legte ich nun einen Sprint ein. Ich holte noch einen Jungen ein, doch da versagten meine Beine und ich kam hinter ihm ins Ziel. Ich musste meinen Transponder ablegen (der Transponder misst die Zeit). Schließlich bekam ich ein Getränk. Als ich bei meinen Eltern war, war mein Bruder schon da. Zwanzig Minuten später sind wir zu den ersten Ergebnissen gegangen. Mein Bruder war Zweiter und ich war 24. von ca. 1500. Auf der Rückfahrt nach Hause sagte ich: »Braunschweig ist so schön! Nächstes Jahr laufe ich wieder mit.«

Simon Wünschirs (11), Gymnasium Raabeschule

## Othello und der Fremde

Heute ist der Tag der großen Entscheidung. Heute würden wir erfahren, ob Othello eingeschläfert werden müsste oder nicht. Othello ist mein fünfjähriger schwarzer Labrador, den meine Eltern aus dem Tierheim geholt und mir zum Geburtstag geschenkt haben. Ihm ist ein schweres Schicksal zugefallen und dies ist seine Geschichte:

Die Sonne schien wunderschön warm an dem Tag, als Mama und ich mit Othello am Ölpersee spazieren waren. Es überholten uns einige Fahrradfahrer und vereinzelt Jogger. Othello nahm von alledem keine Notiz, sondern schnupperte gelassen mal hier, mal da und schaute ab und zu, wo Mama und ich blieben. Mama und ich unterhielten uns über dies und das und manchmal hob ich einen Stock auf und warf ihn für Othello ins Wasser. Ich versuchte gerade, Othello auf einen Stock aufmerksam zu machen, da kam ein Jogger. Othello drehte sich kurz um und beschaute den Stock. »Hat wohl keine Lust mehr zu spielen«, sagte Mama und lachte.

Dann passierte etwas, was ich zuvor noch nie erlebt hatte und womit ich auch in meinem ganzen Leben nicht gerechnet hätte. Othello war mit einem Mal total angespannt, und er ging auch nicht weiter, als ich ihn rief. Der Jogger war jetzt schon an uns vorbeigelaufen, als Othello plötzlich lossprintete und den Mann von hinten anfiel. Der drehte sich erschrocken um und Othello bellte aggressiv, sprang den armen Mann an und fletschte die Zähne. »Othello, komm her!«, riefen Mama und ich immer wieder, aber Othello ignorierte uns einfach. Ich versuchte Othello zurückzuziehen, aber vergeblich. Der Jogger bückte sich, hob einen Stock auf und fing an, wie verrückt auf Othello einzuschlagen. Wieder versuchten wir, Othello von ihm wegzuziehen, doch es hatte keinen Zweck. Der Mann schlug immer noch auf Othello ein. Der jaulte vor Schmerz auf. Ich konnte es nicht länger ertragen und nahm ein letztes Mal meine ganze Kraft zusammen. Othello ließ sich jetzt zurückziehen, aber er war bereits mit Blut überströmt und hatte die Augen ängstlich aufgerissen.

Ich schaute zu dem Jogger auf. Er war nicht besonders verletzt, fand ich. Mama überprüfte Othello und fing an zu weinen. »Was ist mit ihm?«, fragte ich besorgt. »Ich weiß auch nicht«, schluchzte Mama. »Gib mir dein Handy. Ich ruf den Notarzt und den Tierarzt an!« Zwanzig Minuten später war der verletzte Jogger auf dem Weg ins Krankenhaus und Othello wurde ebenfalls untersucht. »Er muss ins Krankenhaus«, sagte der Tierarzt, »sonst wird er es nicht schaffen.« Ein paar Helfer des Arztes verluden Othello in einen kleinen Transporter, und Mama und ich stiegen ein und fuhren mit zum Tierkrankenhaus.

Othello lag einige Tage im Koma und wurde künstlich beatmet. Als wir ihn drei Tage nach dem Vorfall besuchten, meinte der Arzt, wenn Othello in drei Tagen nicht aufgewacht wäre, müssten wir ihn einschläfern lassen. Ich betete zum lieben Gott, dass er Othello helfen möge, doch in den letzten zwei Tagen hatte es nicht den Anschein gehabt, als würde das Beten helfen.

Wir hörten von der Polizei, dass der Jogger Anzeige gegen uns erstattet habe. Mama regte sich zwar erst auf, konnte den Mann aber auch verstehen. Wir wussten ja selbst nicht, was mit Othello los gewesen war. Wir mussten einen höheren Geldbetrag zahlen, wobei wir noch Glück hatten, weil wir versichert waren. Die Versicherung zahlte also das Geld, und der Jogger war, wie ich später hörte, bald wieder gesund.

Heute war nun der Tag, an dem wir erfahren würden, ob Othello eingeschläfert werden musste. Am Abend zuvor war ich erst sehr spät eingeschlafen und in der Nacht oft aufgewacht. Heute Morgen bin ich früh aufgewacht. In der Küche wartete Mama bereits auf mich. »Und?«, fragte ich aufgeregt. Sie zog die Augenbrauen hoch und antwortete: »Er ist noch nicht aufgewacht, aber der Arzt meint, dass man noch hoffen kann.« Ich fing an zu weinen. »Er darf nicht sterben«, schluchzte ich. »Er darf einfach nicht sterben.« Mama nahm mich in den Arm. »Er wird es schaffen, das weiß ich. Othello war immer schon ein Kämpfer«, beruhigte sie mich. Um neun Uhr war ich angezogen und hatte gefrühstückt. Papa und mein Bruder Roman waren auch bereits aufgestanden und wollten mit zum Krankenhaus. Auf der Fahrt war ich ziemlich still und schaute aus dem Fenster in den Regen. Ab und zu weinte ich leise.

Im Krankenhaus angekommen, gingen wir sofort zu Othello. Wir blieben nicht lange im Zimmer, weil der Arzt kam, um ihn zu untersuchen. Als er fertig war, sagte der Arzt, dass man immer noch nicht sehen könnte, ob Othello aufwachen würde. Ich ging noch einmal alleine zu Othello und streichelte ihn behutsam. Nach einer Weile setzte ich mich auf einen Stuhl und betete still, dass Othello aufwachte. Bei dem Anblick von Othello musste ich schon wieder anfangen zu weinen und ich suchte in meinen Jackentaschen nach einem Taschentuch. Dabei fand ich einen kleinen Ball von Othello. Ich warf ihn hoch und fing ihn wieder auf. Dann drückte ich ihn und er quietschte. Othello hatte das immer toll gefunden. Ich ließ den Ball einige Male quietschen. Dann legte ich ihn zu Othello. Ich schaute auf seine Augen und bemerkte ein kurzes Zucken. Langsam öffnete Othello die Augen. Ich streichelte ihn behutsam und mein Herz setzte einen Schlag aus vor

Freude. In dem Moment kamen Mama und der Arzt herein und freuten sich genauso wie ich.

In den letzten Tagen war ich viel zu sehr mit dem Gedanken beschäftigt, ob Othello überleben würde, aber jetzt fing ich an, mich zu wundern, was mit Othello los gewesen war. Ich fragte den Arzt, ob er sich das Verhalten von Othello erklären könne. »Es kann sein, dass Othello eine schlechte Erfahrung gemacht hat und ihn dieser Mann daran erinnert hat«, antwortete er. Ich überlegte lange und kam zu dem Entschluss, im Tierheim nachzuforschen.

Ich fuhr also mit dem Fahrrad ins Ölper Tierheim. Im Biberweg angekommen, ging ich ins Büro und erzählte der Frau, was passiert war. Danach fragte ich sie, ob sie mir sagen könnte, weswegen Othello im Tierheim gewesen sei. Sie schaute kurz im Computer nach und erzählte mir dann, dass Nachbarn des früheren Besitzers angerufen haben und gesagt hätten, dass sie glauben, ihr Nachbar schlage seine Hunde. Othello wurde dann vom Tierschutz gerettet. Ich hatte die ganze Zeit still zugehört. Jetzt fragte ich: »Wissen Sie, wie der Mann ausgesehen hat?« – »Ich habe zu dem Zeitpunkt noch nicht hier gearbeitet, aber ich kann eine Kollegin fragen, die bei dem Einsatz dabei war. Komm mal mit.« Ich folgte ihr nach draußen zum Hundehaus. Die Kollegin erinnerte sich tatsächlich, wie der Mann ausgesehen hatte. Mir kam ihre Beschreibung sofort bekannt vor, und ich musste nicht lange überlegen, um zu wissen, dass es der Jogger war. Mir war jetzt auch klar, warum Othello ihn angefallen hatte. In Othello waren die ganzen schlechten Erinnerungen wieder hochgekommen, als er seinen früheren Besitzer gesehen hatte. Ich war froh, dieses Rätsel gelöst zu haben und zu wissen, dass Othello kein unberechenbarer, aggressiver Hund ist, denn das hätte in seiner Situation wahrscheinlich jeder gemacht. Ich bedankte mich bei den beiden Frauen und fuhr glücklich nach Hause.

Nora Marie Reiff (12), Freie Waldorfschule Braunschweig


## Die Naturschützer von Tenalp

Heute, am 18.03.2007, findet die Eröffnung des neuen Einkaufszentrums auf dem Gelände des ehemaligen Schlossparks in Braunschweig statt. Ich gehöre zu einer Gruppe von dreißig erfolgreichen Naturschützern vom Planeten Tenalp und heiße Würtz. Zusammen mit den anderen Naturschützern versuche ich, die Eröffnung zu verhindern.

Als wir uns abgesprochen hatten, sagte unser Vorsitzender: »Jeder weiß, was er zu tun hat. Dann geht jetzt zu euren Posten.« Ich änderte meine Gestalt und mischte mich unter die Menschenmenge. Zu einem meiner Begleiter sagte ich: »Los, pflanz den Samen in den Stein!« Als er das getan hatte, gab mein anderer Begleiter etwas Wasserstoff dazu. Wir taten, als müssten wir zu einer wichtigen Verabredung, und verschwanden in einem Gully. Die anderen Naturschützer waren auch sehr erfolgreich gewesen und erwarteten uns schon im Einkaufszentrum. Als die Eröffnung begann, brachten wir noch einige Geräte im Inneren des Gebäudes unter. Endlich war der Zeitpunkt gekommen: Als draußen der Bürgermeister das Band durchschnitt, schossen die Samen aus der Erde und änderten ihre Form. Die Menge, die dadurch aufgeschreckt wurde, flüchtete in alle Richtungen. Die Samen aber flogen in Richtung Einkaufszentrum und lösten einige der Geräte aus, die sich in Abrissroboter verwandelten.

Zur gleichen Zeit starrte die Menge auf die Fenster, die alle nacheinander herausfielen. Plötzlich war ein lauter Knall zu hören, der von einer Kugel kam, die nicht größer als eine Billardkugel war. Es folgte ein schriller Pfeifton, als plötzlich 300 Kugeln der gleichen Art aus dem Gebäude kamen und nach und nach das Einkaufszentrum zerstörten. Dies taten sie, weil der Schlosspark, der dort gewesen war, wieder aufgebaut werden soll.

»Jetzt!«, rief der Vorsitzende der Naturschützer und lief vorweg nach draußen. Er wies den Bürgermeister zur Seite und verkündete: »Wir sind gekommen, um den Planeten Erde zu schützen, damit ihr weiterhin in Frieden leben könnt. Dafür müsst ihr allerdings einige Forderungen, die wir euch stellen, beachten! Diese Kugeln, die ihr hier seht, werden uns benachrichtigen, ob ihr die Forderungen beachtet.«

Wie könnten die Forderungen lauten, die die Naturschützer von Tenalp stellen? Diese Frage kann jeder selbst beantworten.

Luca Ruben Conrad (12), Wilhelm-Gymnasium

# Die Falltür unter dem Löwen

Mein Bruder, meine Eltern und ich machten einen Ausflug nach Braunschweig, weil wir in der Innenstadt Einkäufe erledigen wollten.

Als wir aus der Straßenbahnstation »Rathaus« ausstiegen, gingen wir zum Burgplatz. Dort machten wir einen kleinen Zwischenstopp, um uns zu stärken. Dabei lehnte sich mein Bruder lässig gegen den Sockel des Löwendenkmals und, o Schreck, er war plötzlich verschwunden. Ich wollte meiner Mutter und meinem Vater Bescheid sagen, aber sie hatten eine kleine Meinungsverschiedenheit und waren nicht ansprechbar.

Also schaute ich nach, was passiert war. Ich fand eine kleine Spalte im Boden, durch die ich hindurchschlüpfte und mich in einem dunklen Gang wiederfand, in dem alles Mögliche an Getier herumkrabbelte. Ich fand bald darauf eine Fackel, mit der ich meinen Weg beleuchtete.

Ich war in einem Labyrinth aus unzähligen vermoderten Gängen, in denen ich mich kaum zurechtfand. Nie hätte ich geglaubt, so etwas unter dem Burgplatz zu finden!

Nach einigem Suchen fand ich eine große Kammer, die mit vielen Kohlebecken beleuchtet und beheizt war. Zwischen dem alten Gerümpel (Werkzeug, Abfall, Tonscherben …), welches sich in der Mitte des Raumes auftürmte, fand ich Lukas, meinen Bruder. Wegen der stickigen Luft keuchte er ein wenig. Er wollte mir etwas sagen und hob die Arme zu einer Gebärde, aber ich sah plötzlich eine dunkle Gestalt hinter ihm an der Wand. Sie hatte groteske, winzige Flügel und sah ziemlich bedrohlich aus. Ich schrie: »Lukas, lauf!«, und wir liefen, so schnell wir konnten, in einen kleinen Tunnel, der uns hoffentlich zurück an die Oberfläche brachte. Ein Monster unter dem Dom! Ich stolperte einige Male vor Hast, als mich Lukas außer Atem fragte: »Wovor rennen wir eigentlich weg?« – »Weiß ich auch nicht so genau«, stammelte ich schließlich und rang um Luft.

Als wir um eine Ecke bogen, sah ich beim Zurückblicken im faden Licht einer Fackel unseren Verfolger. »Schneller, er ist gleich bei uns!«, rief ich. Mein Bruder murmelte unverständlich: »Vielleicht ein Gargoyle oder so was.«

Als wir eine Weile gerannt waren und die Welt um uns herum nicht mehr richtig wahrnahmen, keuchte ich: »Ich glaube, wir haben ihn abgehängt!« Ich konnte langsam wieder klar sehen, und ich erkannte, dass wir uns wieder an unserem Anfangsort in der Kammer befanden. Wir standen genau an der Stelle, an der wir gestartet waren. Da fiel es mir wie Schuppen von den Augen: Die Gestalt, die ich vorhin gesehen hatte, war der Schatten von Lukas gewesen! Und im Gang war es auch unser Schatten, der vom Licht an die Wand geworfen wurde. Ich klärte meinen Bruder auf. Er schaute erleichtert. »Der Gargoyle war unser Schatten!« Wir lachten ein wenig und feixten: »Das wär ja auch zu komisch: ein Ungeheuer in Braunschweig!«

Da sah ich aus dem Augenwinkel, wie sich eine Schattierung aus der Wand löste! Keiner von uns beiden hatte sich bewegt! Ich verstummte und war starr vor Schreck. Vielleicht doch ein Ungetüm unter dem Burgplatz? Wir hörten plötzlich ein finsteres Lachen, das von den Wänden hallte. Sofort liefen wir, wie vom Teufel gehetzt, an die Oberfläche, wo unsere Eltern uns besorgt erwarteten.

Im Nachhinein haben wir trotz des Schreckens darüber gelacht, aber bis heute wundern wir uns noch über den Ausflug in Braunschweigs Unterwelt.

Christian Grotrian (13), Theodor-Heuss-Gymnasium Wolfenbüttel

## Braunschweig, diese Stadt lebt!

Sie ist eine Stadt mit vielen Gesichtern und besonderen Geheimnissen. In Braunschweig gibt es natürlich unterschiedliche Läden, z.B. Geschäfte wie Karstadt, Galeria Kaufhof, C&A und noch viele mehr. Die meisten Leute bezeichnen diese Geschäfte als praktisch, weil es dort eine große Auswahl gibt und man fast alles bekommt, was man sich wünscht.

Ich sehe das etwas anders, denn in den großen Geschäften gibt es häufig viele überflüssige Sachen, die einen durcheinanderbringen oder mindestens fünfzehn Minuten Suche erfordern. Und deswegen finde ich die kleineren Geschäfte praktisch. Sie stehen unscheinbar am Straßenrand und dösen vor sich hin. Öfters haben sie aber auch wichtige Vorteile, wie schon gesagt. Sie verkaufen zum Beispiel nur die wichtigsten Dinge und haben deshalb nicht so viel Überflüssiges. Aber es gibt auch noch andere Vorteile, zum Beispiel, dass die Mitarbeiter oder der Geschäftsinhaber sich besser um die Kunden kümmern können, da sie nicht gleich 1000 qm zu überwachen haben. Ich finde das schon wichtig.

Eigentlich ist Braunschweig nur so lebendig geworden wegen der vielen lebenslustigen, kreativen und spontanen Menschen. Sie sind die Leute, die Braunschweig erst so spannend machen. Egal ob Große, Kleine, Dicke oder Dünne, alle tragen dazu bei, dass diese Stadt etwas Besonderes ist!

Doch leider läuft nicht alles so rund, denn da gibt es noch die Obdachlosen, diejenigen, die Hunger leiden, während wir uns schon die dritte Jeans kaufen. Eigentlich können wir alle ein wenig dazu beitragen, dass dies geändert wird, jeder auf seine Weise!

Lisa Schmidt (12), JGS Franzsches Feld

## Das Karnevalsabenteuer

Gestern war Karneval bei uns in Braunschweig. Ich war als Cowgirl und mein kleiner Bruder Max als Pirat verkleidet. Zum ersten Mal durften wir allein zum Altstadtmarkt gehen, endlich war Max alt genug dafür. Wir sind jedes

Jahr dort, denn mein Bruder behauptet, dass dort am meisten geschmissen wird. Jetzt warteten wir schon ungeduldig auf den Karnevalszug. »Schau, dort kommen sie!«, rief Max plötzlich ganz aufgeregt. Und er hatte Recht: Vier Polizisten auf vier wunderschönen Warmblütern ritten voraus. Gleich dahinter kamen die ersten Spielmannszüge und Karnevalswagen. Auf dem ersten Wagen schrien drei Personen lauthals »Brunswiek!«. Max rief freudig zurück: »Helau, Helau!« Als »Belohnung« schmissen die Personen in diesem Wagen viele, viele Bonbons in unsere Richtung. Max war natürlich sofort auf dem Boden verschwunden, um alle aufzusammeln. Wenn es sein musste, kroch er auch zwischen die Beine der anderen Personen, die um uns herumstanden. Ich sah derzeit noch den Pferden hinterher, die inzwischen aber kaum noch zu sehen waren.

Die Leute in den nächsten Wagen warfen auch sehr viel, so dass Max und ich am Ende ungefähr gleich viele Bonbons hatten. Einen der letzten Wagen mochte Max am liebsten, denn dort warfen sie viele Spielzeugautos. Leider kriegte er keines davon und das machte ihn wütend. Als ich mal kurz nicht hinsah, rannte er einfach auf die Straße und lief dem Wagen hinterher. Mit wütender, gleichzeitig aber auch ängstlicher Stimme rief ich ihm nach: »Max, komm sofort zurück!« Doch er reagierte gar nicht darauf. Gott sei Dank kam der Wagen nicht weit und blieb ungefähr zehn Meter von mir entfernt stehen, um dort Bonbons zu werfen. Diesen Augenblick nutzte ich und lief zu Max. »Was machst du bloß für Sachen! Stell dir mal vor, es wäre etwas passiert!«, schimpfte ich. Aber dann war ich doch froh darüber, dass nichts geschehen war, und nahm ihn in den Arm.

Jetzt hatte uns auch der Fahrer aus dem Wagen mit den Spielzeugautos entdeckt und stieg aus. »Was ist denn los, ist etwas passiert?« – »Nein, alles in Ordnung. Mein kleiner Bruder wollte nur unbedingt so ein Auto haben«, antwortete ich für Max und deutete dabei auf das kleine Spielzeugauto, das der Mann in der Hand hielt. Da fragte er meinen Bruder: »Na, willst du denn immer noch so eins?« Heftig nickte Max mit dem Kopf. Der Mann reichte ihm das Auto und Max nahm es dankend an. Zu unserer großen Überraschung lud er uns sogar noch zu einer Fahrt in seinem Karnevalswagen ein. Natürlich nahmen wir die Einladung gerne an und stiegen ein. Wir durften sogar die Spielzeugautos werfen. Dabei zeigte Max voller Stolz sein eigenes hoch. Fast eine ganze Stunde fuhren wir noch mit, dann setzte uns der Mann zu Hause ab.

Nachdem wir uns verabschiedet hatten, liefen wir schnell ins Haus und erzählten unseren Eltern unser kleines »Karnevalsabenteuer«. Wir dachten noch Wochen später daran, denn diesen Tag kann man einfach nicht vergessen!

Ronja Götte (11), Gymnasium Vechelde

# Der Manga in Braunschweig

Der Manga ging nach Braunschweig; in den Osten, dort, wo alle Dinge was kosten. Es war dem Manga ziemlich egal, aber für andere war es fatal. Er hatte Moneten wie ein Scheich und deswegen war er richtig reich. Er wollte sich etwas kaufen, Diamanten, einen ganzen Haufen. Die Leute waren voller Neid und waren nicht mehr ganz gescheit. Sie wollten den Manga beklauen, doch sie wussten, der Manga kann hauen. Sie wollten den Manga besiegen, mit List und Tücke, doch im Plan war eine Lücke. Der Manga kam heut spät nach Haus, denn er ging aus mit seiner Maus. Er wollte sich gerade niederlegen, da fing der Boden an zu beben. Die Leute schossen mit Raketen aufs Haus, da war der Manga aber ganz schnell raus. Die Räuber wollten nun seine Moneten klauen, aber da fing der Manga an sie zu hauen. Doch das war kein gutes Ziel, denn an Banditen gab es ziemlich viel. Doch da kam Heinrich der Gerechte und zeigte den Banditen seine Rechte. Zusammen besiegten sie die Missetäter und wurden Helden – aber später. Sie bekamen etwas Großes, aber es war doch nichts Famoses. Es war eine Statue vom Manga in seinem bunt gestreiften Tanga. Am Abend setzte sich der Manga ans Lagerfeuer und träumte schon vom nächsten Abenteuer.

Ravi Utecht (11), Gymnasium Raabeschule

# Der Umzug

Familie Heidschwager lebte in Evessen mit ihren Töchtern Emma und Romina. Sie lebten in einer großen Doppelhaushälfte mit einem kleinen Garten am Hang. Eines Abends beim Essen sagte Papa Paul zu seinen Töchtern: »Wir müssen umziehen!« – »Wohin denn?«, fragte Emma besorgt. »Muss ich auf eine andere Schule?« Fast zur selben Zeit fragte Romina: »Warum müssen wir umziehen?« – »Jetzt mal nicht so durcheinander! Wir werden nach Braunschweig ziehen. Ich bekomme dort eine Arbeitsstelle bei Volkswagen. Deshalb müsst ihr leider auf eine andere Schule und in einen anderen Kindergarten gehen.«

Emma konnte einfach nicht mehr, sie musste weinen und weinen ... Mama Katrin nahm sie in die Arme und tröstete sie. Romina weinte nicht, aber sie verstand das ja auch noch gar nicht. Sie war erst vier Jahre alt und ihre Schwester Emma schon zwölf. Romina wusste nicht, was das eigentlich heißt: Umziehen!

Abends im Bett konnte Emma nicht schlafen; sie weinte immer wieder. Sie dachte an alle Freundinnen, die sie jetzt verlieren würde. Bei dem Gedanken wurde ihr ganz komisch im Bauch.

Jeden Tag schauten Katrin und Paul in die Zeitung und sahen nach, ob jemand ein Haus verkaufen wollte. Sie fanden drei Häuser, das erste lag an einer sehr befahrenen Straße, das zweite hatte keinen Keller und einen winzigen, handtuchgroßen Garten. Aber das letzte, das sie sich anschauten, war superschön mit großen, hellen Zimmern und einem Baumhaus im verwilderten Garten. So beschlossen sie, es zu kaufen. Gleich auf dem Nachhauseweg fuhren sie zum Baumarkt und kauften Farben für Wände und Möbel. Am nächsten Tag in der Schule sagte Emma ihrer besten Freundin Lene: »Wir werden bald umziehen.« Lene kamen fast die Tränen, doch sie meinte tröstend: »Es ist besser, da hat dein Vater eine Arbeit und ich werde dich häufig besuchen.«

Drei Wochen später war es so weit, alle Möbel waren im neuen Haus und sie zogen ein. Am darauffolgenden Montag in der neuen Schule war es gar nicht so schlimm, wie Emma es sich vorgestellt hatte. Alle Mitschüler behandelten sie nett, besonders Michelle. Nach einigen Wochen waren die beiden Freundinnen geworden und Emma sagte stolz: »Ja, und ich hatte solche Angst, dass ich keine Freundinnen finde!« Beide mussten lachen.

*Nele Zimmermann (11), JGS Franzsches Feld*

# Ein Besuch im Herzog-Anton-Ulrich-Museum

Ferien, aber um 8.00 Uhr klingelte das Telefon. Schlaftrunken tapste ich zum Hörer. Am anderen Ende der Leitung ertönte Omas begeisterte Stimme. Voller Vorfreude sagte sie: »Hast du nicht Lust, mit ins Herzog-Anton-Ulrich-Museum zu kommen? Dort ist eine Sonderausstellung zum Thema Familien. Das ist eine wirklich gute Gelegenheit, um mal wieder ins Museum zu gehen. Übrigens ist solch ein Museumsbesuch auch gut für die Allgemeinbildung.« Zu müde, um ernsthaft zu widersprechen, willigte ich ein. In aller Eile zog ich mich an und frühstückte. Die Autofahrt zum Museum verlief ruhig, mit folgenden Gesprächsthemen: Erstens, man müsste viel öfter ins Museum gehen. Zweitens, Kirchenbesuche sind auch sehr interessant. Drittens, frische Luft ist aber auch sehr wichtig und ich könnte ruhig öfter mal spazieren gehen. Ich begann, meine Zusage zu bereuen, aber kurze Zeit später waren wir da.

Um sicherzugehen, dass wir bei unserem Besuch auch ja kein Bild verpassen, begannen wir unsere Besichtigung im obersten Stockwerk, um uns dann Bild für Bild nach unten vorzuarbeiten. Schon das schier endlose Verharren vor dem ersten Gemälde mit von meinen Großeltern produzierten »Ohs« und »Ahs« und »Ronja, schau doch mal« ließ mir diesen Tag immer weniger lebenswert erscheinen. Dies war erst das erste Bild. In mir graute die bange Frage, ob diese Hingabe an die Kunst sich jetzt mit gleicher Intensität bei jedem Werk wiederholen würde. Simple Mathematik, beruhigte ich mich. Wenn wir in diesem Tempo weitermachen, sind wir spätestens in der nächsten Etage verhungert.

Als ob Oma Gedanken lesen könnte, teilte sie plötzlich mit, dass wir uns ruhig Zeit lassen könnten, da sie ein paar Stullen mitgenommen habe. Die Zeit zog sich endlos hin. Ich ermüdete schon nach wenigen Bildern, immer schwerfälliger schleppte ich mich durch die endlosen Säle. Da sah ich die Rettung, einen Stuhl. Mit letzter Kraft wankte ich zu diesem wunderbaren Sitzmöbelstück. Mit einem erleichterten Seufzer ließ ich meinen matten Körper in das Polster sinken. Sofort fiel ich in einen leichten Schlummer, aus dem ich nach nur wenigen Augenblicken brutal durch die Stimme meiner Großeltern gerissen wurde: »Ronja, steh auf, du nimmst anderen den Platz weg. Du hast doch noch so junge Beine. Sieh mal, Opa steht doch auch die ganze Zeit mit seinen neuen Hüftgelenken!« Mein leiser Protest, dass wir doch die einzigen Besucher wären, wurde leider nicht wahrgenommen. Ich taumelte weiter. Im Religionsunterricht hatte ich gelernt, dass man sich die Ewigkeit nicht vorstellen könne, hier wurde ich eines Besseren belehrt.

Bereits nach zwei Stunden bemerkten meine Großeltern, dass ich ihre Begeisterung nicht teilte. Sie meinten, ich müsse mich mehr zusammenreißen. So übte ich mich in gequältem Lächeln. Dies gelang mir wohl nicht sehr überzeugend. Konnte ich bisher leicht dösend an den Gemälden vorbeistolpern, wurde ich jetzt bei jedem Kunstwerk von Oma und Opa angesprochen. Folgende Sätze wiederholten sich dabei ständig: »Sieh mal, hier ist noch ein Bild!« – »Sieh mal, das Bild ist besonders schön!« – »Hast du jemals so ein schönes Bild gesehen?« Besonders grauenvoll der folgende Satz: »Wir haben uns das vorherige Bild noch gar nicht so genau angesehen, lass uns wieder zurückgehen.« So verging der Tag in Zeitlupe.

Als wir endlich die Sonderausstellung im Erdgeschoss

erreichten, wollte ich schon glauben, dass wir es bald geschafft hätten. Aber leider blieben wir nun doppelt so lange vor jedem Bild stehen. Ich fragte vorsichtig, warum. Mir wurde entrüstet mitgeteilt, dass diese Familienbilder nur für kurze Dauer hier zu sehen seien und man sich deshalb Zeit nehmen müsse.

Endlich, endlich erreichten wir den Ausgang. Oma und Opa sicherten sich noch schnell ein paar Prospekte über die kommende Sonderausstellung. Auf der Rückfahrt fiel ich sofort in einen tiefen Schlaf. Daheim weckte mich meine Oma, indem sie mit den neuen Postkarten vor meiner Nase herumwedelte und sprach: »Ronja, beim nächsten Mal kommst du doch wieder mit.«

Übrigens, man mag es kaum glauben, aber meine Oma und meinen Opa würde ich gegen keine anderen eintauschen wollen!

Ronja Bauer (13), JGS Franzsches Feld

## Als Wolf unter Löwen

An einem kalten Freitagnachmittag im Februar waren mein Freund Stephan und ich auf dem Weg zu einem Fanprojekt von Eintracht Braunschweig. Weil es noch ziemlich früh war, gingen wir in eine Eisdiele. Wir unterhielten uns über das Randalieren von so genannten Eintracht-Fans nach der unverdienten Niederlage gegen Köln.

»So etwas Bescheuertes! Drei Straßenbahnen zu beschädigen nur wegen einer Niederlage«, sagte ich zu Stephan. »Beim Fußball gab es leider schon immer Verrückte«, antwortete er. Als wir die beiden Eisbecher geleert hatten und unser Gespräch beendet war, machten wir uns wieder auf den Weg. »Mann, ist das kalt«, sagte mein Freund und hängte sich seinen Schal um. Er war blau-gelb und sollte jedem zeigen, dass er ein Eintracht-Fan ist. Tja, und ich mit einem grün-weißen Schal des Rivalen VfL Wolfsburg!

Plötzlich tauchte vor uns eine Horde Braunschweiger Fußballfans auf, die sich anscheinend für etwas Besseres hielten und mich wegen meines Schals gleich beleidigten. Einer von ihnen fragte, ob mein Freund betrunken sei, weil er einen VfL-Fan als Freund habe. Ich ließ mir meine Angst nicht anmerken, ging mit Stephan schnell weiter.

»Mann, hatte ich gerade Schiss!« Ich blickte mich um und fragte mich, ob diese Menschen eigentlich das Wort Toleranz kannten. Das glaubte ich nach dieser ganzen Aktion nicht mehr, und ich versteckte meinen Schal unter der Jacke, um nicht zu enden wie die drei Straßenbahnen.

Damit wir nicht zu spät an unserem Ziel ankamen, mussten wir uns nun ziemlich beeilen. Als wir ankamen, gingen wir in ein Haus, das unmittelbar am Eintracht-Stadion lag. Der Andrang war groß, denn viele Menschen standen vor der Tür und warteten auf Einlass. Als wir dann in der Runde saßen und über Eintracht sprachen, holten alle Anwesenden ihre blau-gelben Schals heraus und prahlten damit. Ihre Trikots trugen sie ebenfalls und ich immer noch meine Jacke, damit ich meinen grün-weißen Schal verbergen konnte.

Plötzlich kam der Leiter des Projekts auf mich zu. Er hatte eine Anmeldeliste in der Hand und sagte: »Du bist Mirco, glaube ich. Ich bin Jan, der Leiter dieser Runde. Zieh doch deine Jacke aus, sonst wird es dir hier zu warm!« Zögernd tat ich das auch. Alle starrten mich an. Alle außer Stephan. Plötzlich fing einer an, mich zu beschimpfen, mit Wörtern, bei denen ich denke, dass er selbst nicht wusste, was sie bedeuteten. Nach kurzer Zeit fingen auch alle anderen an, mich zu beleidigen. Ich wollte nur noch weglaufen, dahin, wo keiner mich finden würde.

Ein lauter Schrei riss mich aus meinen Gedanken. »Ruhe!«, schrie Jan so laut, dass Stephan und ich zusammenzuckten. »Ruhe! Habt ihr denn gar nichts vom letzten Treffen behalten? Ihr selbst habt Toleranz als Thema für dieses und die nächsten Treffen gewählt. Toleranz ist das zweitwichtigste Wort im Fußball, und es ist schön, einen Fan eines anderen Vereins dabeizuhaben.« Über diese klaren Worte und über dieses Thema freute ich mich, und es wurde trotz allem noch ein schöner Abend, den ich nie mehr vergessen werde. Denn nun weiß ich, dass viele Braunschweig-Fans tolerant sind und andere Vereine akzeptieren.

Kurz bevor wir gingen, fragte ich Jan, was denn nun das wichtigste Wort im Fußball sei? Er legte seinen Arm um meine Schulter und sagte: »Fan! Das wichtigste Wort ist Fan, denn ohne Fans wäre Fußball nicht so weltweit bekannt und beliebt.«

*Mirco Beyer (11), Gymnasium Vechelde*

# Kratzspuren

Braunschweig ist eigentlich eine coole Stadt, wir haben hier alles, was das Herz begehrt: ein Schwimmbad, coole Läden und massenhaft Restaurants. Ach ja, und den einzigartigen Braunschweiger Löwen, den echten und den nachgebauten. Viele Leute wissen noch nicht einmal, dass es zwei gibt.

Der echte steht in der Burg Dankwarderode. Und der nachgemachte Löwe steht auf dem Burgplatz. Allerdings sind beide Löwen keine naturgetreuen Nachbauten, da beide Löwen menschenähnliche Ohren haben. Achtet doch darauf, wenn ihr wieder mal am Burgplatz vorbeigeht.

Meine Freundin Katharina und ich, wir sind oft auf dem Burgplatz und haben uns schon oft gefragt, warum der Löwe das Wahrzeichen der Stadt Braunschweig ist. Darum haben wir ein bisschen nachgeforscht und herausgefunden, dass Braunschweig ein Herzogtum war und unter dem Herzog Heinrich dem Löwen lebte. Heinrich der Löwe herrschte mit seiner Frau Mathilde über Braunschweig und machte den Löwen wegen seinem Beinamen zum Wahrzeichen Braunschweigs. Irgendwann starben sie dann und wurden begraben, angeblich im Braunschweiger Dom. Aber das wurde nie so genau nachgewiesen. Wer weiß, vielleicht liegen die beiden ja auch in England oder so, schließlich war Mathilde ja die Tochter des englischen Königs. Und Heinrich wurde auch nach England verbannt. Warum sollte er dann nicht in England liegen?

Eine Sage wiederum erzählt davon, dass Heinrich und Mathilde im Dom liegen sollen. Und die geht so: Als Heinrich gestorben und im Dom begraben wurde, soll der Löwe Sehnsucht nach ihm gehabt haben und an einem Eingang vom Dom gekratzt haben. Man sieht heute noch die Kratzspuren. Aber ich meine, dass das Quatsch ist, denn der Löwe ist ja nur eine Statue. Außerdem denke ich mal, dass die Kratzspuren von den Waffen der Soldaten stammen. Man durfte früher kein Gotteshaus mit Waffen betreten. Deswegen haben die Soldaten sie am Eingang abgestellt.

Aber wer weiß, vielleicht ist an der Sage doch was dran.

Eileen Gerloff (12), Gymnasium Raabeschule

# Der Beginn der neuen Erderwärmung und Eiszeit

»Stellen Sie sich darauf ein, dass sich morgen wieder Gletscher und unerträgliche Kälte mit brennender Hitze und dazu gefährlichen Schmelzwasserfluten abwechseln.« Ja, diese Meldung höre ich jetzt schon zum tausendsten Mal im Radio.

Ach, bevor ich es vergesse, stelle ich mich erst einmal vor. Ich heiße Jenny und berichte von meinem Leben in

Braunschweig im Jahre 2057. Es gibt ein riesiges Problem mit dem Klima. Ich habe von meiner Mutter erfahren, dass früher im Jahr 1987 die Wissenschaftler die Menschheit schon vor der Erderwärmung gewarnt haben. Doch die Politiker haben nicht reagiert. Sie hätten eigentlich den $CO_2$-Ausstoß drastisch senken müssen! Und jetzt leiden wir darunter. Wegen des $CO_2$-Ausstoßes erwärmte sich die Erde sehr stark. Dadurch schmolzen die Polarkappen und das viele Süßwasser stoppte das Golfstromphänomen, das nur funktionierte, wenn genügend Salz im Meerwasser war. So entstand auch noch eine Eiszeit! Aber große Teile der Welt wurden durch die Schmelzwasserfluten überschwemmt, weil die Erde sich ja erwärmte.

Leider sind auch die vielen alten Fachwerkhäuser weggespült worden. Doch ein paar konnten noch gerettet werden und wurden auf Boote verladen, z.B. die wunderbaren Gebäude auf dem Burgplatz. Jetzt muss der nächste Mittelaltermarkt auf Booten abgehalten werden – auch nicht wirklich toll! Nun leben alle Menschen auf besonderen Hausbooten. Diese besitzen sehr viele starke Klimaanlagen, aber auch ultrastark wärmende Heizungen. Gärten gibt es nicht, sondern nur Gewächshäuser, die gegen Hitze und Kälte isoliert sind. Alle anderen Gebäude wurden auf Booten wieder aufgebaut. Wir müssen spezielle Anzüge tragen, damit wir nicht erfrieren oder verkochen. Denn man kann sich nicht nach den Temperaturen anziehen, weil das Wetter sich ständig ändert. Die Tiere können auch nur noch in speziellen klimaisolierten Hallen überleben, die auf riesigen Booten montiert sind.

Jeden Morgen (außer am Wochenende) holt mich und viele andere Kinder ein Taxiboot ab und bringt uns zum großen Schulboot. Dort lernen wir alle Sachen, die ihr auch lernt. Doch die Schule fällt sehr oft wegen extremer Klimabedingungen aus.

Also mal ehrlich, hätte man da nicht früher etwas gegen tun können?

Ronja Giesen (11), Gymnasium Vechelde

## Franz von Sonnental

Es war im Jahr 1944, der Krieg tobte an allen Fronten und ich ging mit meinem Freund Wilhelm durch die Ruinenfelder Braunschweigs. Wilhelm war ein kleiner Kerl, der gerne grüne Klamotten trug. Ich kannte ihn seit dem Kindergarten, unsere Eltern waren gute Bekannte gewesen.

»Guck mal, Joachim, was ich gefunden habe! Eine Dose Corned Beef!« – »Heute ist unser Glückstag!« Wir machten uns Gedanken, wie wir die Dose teilen sollten. Am Ende habe ich aufgegeben und Wilhelm die Dose gegeben, was sich später als ein fataler Fehler erwies. Denn in dieser Woche hatten wir keinen Lebensmittelgutschein bekommen und mussten schwer Hunger leiden. Aber unser neuer, unbekannter Nachbar gab uns etwas ab. Als Dank nahmen wir ihn in unsere Familie auf. Er hieß Franz von Sonnental, war adelig und hatte braune kurze Haare. Er war sehr lieb zu uns Kindern.

Eines Morgens ging ich mit Wilhelm und Franz zur Schule. Es sollte immer ein Erwachsener mitkommen und Franz von Sonnental übernahm diese Aufgabe. Auf dem Schulweg kamen wir an einer Fahne vorbei, die uns zeigte, dass wir schon fast den ganzen Weg zurückgelegt hatten. Fröhlich und ohne Bedenken gingen wir weiter. In der Schule angekommen, spielten wir mit Murmeln, bis es klingelte. Wilhelm und ich gingen in den Klassenraum.

Nach vier Stunden heulte plötzlich die Fliegeralarmsirene. Flieger und Bomber hatten Braunschweig anvisiert! Wir sollten schnell in die Bunker gehen, was ich auch machte. Ich hatte kein gutes Gefühl. Es polterte. Eine Bombe war kurz vor der Schule eingeschlagen. Als der Fliegerangriff vorbei war, öffneten die Lehrer die Tür. Erst jetzt bemerkte ich, dass Franz und Wilhelm fehlten. Ich suchte alles ab, bis ich ein Wimmern hörte. »Wilhelm!«, rief ich. Ich zog Wilhelm aus dem Schutt. »Was ist mit dir los?«, fragte ich.

»Ich habe noch auf Franz gewartet, aber da war es schon zu spät. Wo ist er eigentlich?« Die Feuerwehr barg einen verschütteten Menschen. Er sah Franz ähnlich, und als er »Joachim« flüsterte, wusste ich, dass er es war. Er kam ins Lazarett und wir besuchten ihn mehrmals – auch nach dem Krieg. Aber er starb an einer Lungenentzündung. Franz von Sonnental wurde in der Nähe der Schule beigesetzt, wo ich das Grab hin und wieder besuchte.

Jan-Hendrik Lenke (12), Gymnasium Neue Oberschule

# Zusammengewachsen

Im August dieses Jahres bin ich in eine neue Klasse gekommen. Dort kannte ich nur vier Kinder. Es war schwer, neue Freunde zu finden, denn es bildeten sich immer kleine Grüppchen, die in der Pause zusammen spielten – man traute sich nicht richtig aufeinander zuzugehen. Fast alles war anders als auf der Grundschule: kürzere Pausen, mehr Kinder in einer Klasse, die Schule ist in der Stadt, nicht mehr in unserem Dorf. Alles war ganz fremd und neu. Mit der Zeit fand man dann neue Freunde. Aber eine richtige Klassengemeinschaft waren wir immer noch nicht.

Am Nikolaustag wollten wir eine Tagesfahrt nach Braunschweig ins Theater machen. Danach war ein Bummel über den Weihnachtsmarkt geplant. Wir hatten fast alle ein wenig Angst, denn wir sollten Gruppen mit mindestens fünf Kindern bilden. Ich stellte mir die Fragen: Wird es Streit geben, weil wir zu unterschiedliche Meinungen haben? Wird alles gut gehen? Wollen die andern denn überhaupt mit mir in einer Gruppe sein oder tun sie nur so?

Als es endlich so weit war, kribbelte mein Bauch vor Aufregung. Im Zug saß ich mit meinen Gruppenkameradinnen Leonie, Julia, Jana und Katrina in einem Abteil; schon jetzt hatten wir richtig viel Spaß! Das Theaterstück »Moby Dick« war richtig gut. Aber auf dem Weihnachtsmarkt hatten wir noch mehr Spaß: Wir teilten uns Würstchen, kauften uns gegenseitig Weihnachtsgeschenke, wenn der andere es nicht mitbekam, fuhren Karussell, teilten uns Süßes und schließlich kauften wir uns alle dasselbe Armband – also ein Freundschaftsband.

Wir zogen noch ein bisschen weiter und trafen drei Jungengruppen, die sich zusammengetan hatten. Man konnte sehen, dass sie auch mächtig viel Spaß hatten. Genauso wie wir die Bänder gekauft hatten, hatten sie sich dieselben Mützen gekauft. Gemeinsam und mit viel Gelächter zogen wir alle weiter, um noch andere Gruppen aus unserer Klasse zu finden. Fast die ganze Klasse versammelte sich an einem Scherzartikelstand. Dort gab es unter anderem Spielzeugzigaretten. Viele Kinder, auch ich, kauften so eine. Damit gingen wir grinsend zu unseren Lehrern. Die lachten und sagten: »So kommt ihr aber nicht in den Zug – die Dinger müsst ihr vorher ausmachen!«

Als wir den Rückweg antraten und am Bahnhof ankamen, sahen wir einen Mann, der rauchte. So frech, wie Julian ist, sagte er: »Rauchen ist nicht gut, davon kann man Lungenkrebs kriegen, dann hat man einen ganz qualvollen Tod ...« Er hat ja Recht, aber einen fremden Mann, den ich noch nie in meinem Leben gesehen hatte, hätte ich nicht über das Rauchen und seine Folgen aufgeklärt. Na ja, so ist der Julian halt. Der Mann schüttelte den Kopf und sagte: »Ja, das weiß ich. Aber es ist so schwer, davon loszukommen.«

Im Zug redeten alle noch über den Spaß, den sie auf dem Weihnachtsmarkt hatten.

Süßes, das wir noch übrig hatten, teilten wir untereinander auf. Ich bekam auch die Handynummern von

Julia, Leonie und Laura. Meine gab ich ihnen natürlich auch.

Alle Fragen, die ich mir am Anfang gestellt hatte, hatten sich beantwortet: Nein, wir haben uns nicht gestritten. Wir haben fast dieselben Eigenschaften. Ja, alles ist gut gegangen. Na ja, die Frage, ob sie mit mir in einer Gruppe sein wollten, konnte ich nicht richtig beantworten – aber ich denke schon. Schließlich war am Ende des Ausfluges unsere ganze Klasse eine große Gruppe.

Dieser eine Tag hat uns so zusammengebracht. Wir sind zusammengewachsen. Meinen Nikolauswunsch, dass wir eine richtige Klasse werden, hat der Nikolaus wohl erhört.

Inzwischen kennen wir uns schon richtig gut, waren auf Geburtstagen von Kindern, die wir vorher noch gar nicht kannten, und haben als Klasse viel Spaß miteinander. An diesen einen Tag werden wir uns alle bestimmt ein ganzes Leben lang erinnern.

Zu Beginn des zweiten Schuljahres haben wir einen neuen Schüler bekommen. Nun versuchen wir ihn so gut wie möglich mit einzubeziehen, denn wir wissen ja, wie schwer es in einer neuen Klasse ist, wenn man dort niemanden kennt.

Hanna Sophie Lüdtke (11), Europaschule Humboldt-Gymnasium Gifhorn

# Lilith und die Spaßhöhle

Lilith besuchte mal wieder, wie so oft, den Kindergarten ihrer kleinen Schwester Sofie. Sofie ist gerade erst in den Kindergarten gekommen, spielt aber schon sehr gerne mit ihren neuen Freunden. Als Lilith mit Sofie ankam, gingen gerade alle Kinder nach draußen. Begeistert rannten sie zur Rutsche. Da geschah etwas Merkwürdiges. Plötzlich, mitten im Rutschen, öffnete sich eine kleine Klappe in der Rutsche. Lilith fiel hindurch. Während des Flugs wurde sie von einem Löwen, der einen seltsamen Zauberstab in der Hand hatte, geschrumpft. Lilith hatte etwas Angst vor dem großen Tier. Sie dachte: Gleich werde ich vom »Braunschweiger Löwen« gefressen!

»Willkommen in meiner Höhle!«, brüllte der Löwe ihr jedoch freundlich zu, als Lilith auf weichen Kissen landete. »Ich bin Linor-Ottokar von Heinrich dem Löwen«, stellte er sich vor, »und das hier ist meine Spaßhöhle. Ich habe dich schon erwartet – du sollst mir in dieser Höhle helfen.« Er wurde traurig und sagte: »Weißt du, ich bin schon müde und alt und kann die Höhle nicht mehr vor Kinderhassern und Spielverderbern schützen, weil es noch viel mehr versteckte Eingänge gibt, die nur ich mit meinem Zauberstab finden kann.«

Der Löwe sah freundlich aus. »Nenn mich doch Linor … aber genug gequatscht, stell dich mal vor!« Lilith sprach ängstlich stotternd: »Ich hei-hei-heiße Lil-lith Ro-ro-rosental u-und b-b-bin genau z-zehn Jahr-re u-und e-elf

Mo-mon-nate a-a-alt.« Linor erkannte Liliths Angst und meinte: »Vertraue mir, ich bin Vegetarier und kein Fleischfresser wie meine Verwandten aus Afrika! Ich darf auch wegen meinem Job als Braunschweiger Löwe nur vegetarisch fressen, weil sonst Braunschweig innerhalb weniger Tage menschenleer wäre.« – »Also gut«, antwortete Lilith. »Ich heiße Lilith Rosental und werde in einem Monat elf Jahre alt. Zeigst du mir jetzt deine Höhle?« Linor nickte nur und nahm sie an die Hand. Er führte sie in eine etwas kleinere Höhle. Sie gingen zu zwei blau-gelb gestreiften Stühlen, auf die sie sich nach Linors Anweisung setzten. »Was würdest du jetzt am liebsten machen?«, fragte Linor. »Schwimmen!«, antwortete Lilith begeistert. »In einem richtig großen Schwimmbecken.« Kaum hatte sie es ausgesprochen, war sie mit Linor in einer Halle mit einem großen Pool.

Stunden später fiel Lilith ein, dass sie wahrscheinlich gesucht wurde und alle sich Sorgen machen würden. Aber Linor meinte gelassen: »Mach dir darüber keine Gedanken, über uns bleibt die Zeit stehen. Nachher sitzt du wieder auf der Rutsche mit deiner Schwester auf dem Schoß und ihr rutscht normal weiter. Keiner wird etwas merken!« – »Toll!«, rief Lilith.

Sie spielten den ganzen Tag zusammen. Als sie müde wurden, zauberte Linor zwei weiche Betten herbei. Sie legten sich hinein und waren sofort eingeschlafen.

Kurze Zeit später wachte Lilith wieder auf. Linor hatte schon etwas zu essen gemacht. Sie stand auf und setzte sich zu ihm an den Tisch. »Mann, hab ich einen Hunger!«, sagte sie und nahm sich eines der belegten Brötchen. Nach dem Essen verabschiedeten sie sich voneinander.

Linor sagte zum Abschied, dass er wieder stark genug zum Bewachen der Höhle sei, weil er neue Kraft gewonnen habe. Fragend schaute sie ihn an, da verriet sie ihr das Geheimnis vom Braunschweiger Löwen: »Du musst wissen, dass sowohl ich als auch die Spaßhöhle nur dann existieren können, wenn es Kinder wie dich hierherverschlägt. Immer, wenn ein besonders glückliches Kind aus dem Braunschweiger Land auf der Zauberrutsche rutscht, öffnet sich die Klappe und es fällt herunter in meine Höhle. Durch das Spielen miteinander bekomme ich wieder viel Kraft, um diese Höhle gegen Spielverderber und Kinderhasser zu schützen, denn die tun alles, um Kinderglück zu zerstören. Aber jetzt war lange Zeit kein glückliches Kind mehr auf der Rutsche – ich frage mich, wo die glücklichen Kinder geblieben sind? Also wurde ich schwach und schwächer. Ich bin so froh, dass du gekommen bist! Du musst ganz oft wiederkommen, versprochen?« Das versprach Lilith gerne und so hatten sie und Linor noch viele Jahre Spaß miteinander beim Spielen in der Höhle.

Keana Marie Becker (12), Gymnasium Gaußschule

# Schlimmer geht es immer!

Mal unter uns …

Den Anfang meiner Geschichte kennt wohl jeder Junge in meinem Alter. Du denkst an nichts Böses, hängst in deinem Zimmer ab, da kommt deine Mutter rein mit dem Vorschlag … einkaufen zu gehen! Und dem Nachsatz: »Du brauchst mal wieder ein paar neue Klamotten.« Geht es eigentlich noch schlimmer?

Meine Mutter fährt zum Shoppen am liebsten nach Braunschweig – da kann man sooo schööön bummeln! Ich hasse es! Und von wegen bummeln: Wir hetzen von Laden zu Laden, sie rast durch alle Gänge, dreht an jedem Kleiderständer, wühlt in jedem Grabbeltisch, lässt mich tausend Sachen anprobieren und ich … finde alles ätzend. Ich hasse es! Natürlich sind für mich nicht mal fünf Minuten drin, um nach CDs oder PC-Spielen zu gucken. Am Ende entscheidet sie dann, was ich gut zu finden habe. Ich ziehe einen Flunsch, wir blubbern uns an und fahren abgenervt nach Hause. Schöner Einkaufsbummel! Ich hasse es!

Es gibt leider keine Chance, ihr das auszureden, das habe ich schon x-mal versucht. Also ergebe ich mich meinem Schicksal.

Auf der Fahrt nach Braunschweig muss ich mir unbedingt eine Ausrede einfallen lassen, damit das Ganze ein schnelles Ende findet. Leider denke ich die ganze Zeit nur an Fußball. Den Spielern von Eintracht geht es wie mir –

sie sind dem Abstieg nahe. Die Braunschweiger Farben kommen mir in den Sinn. Und eine Idee:

NEUER WERBEGAG –
EINE STADT IN BLAU UND GELB

Das wäre doch cool! Alle Häuser sind blau, die Fenster und Türen sind gelb. Die Straßen sind blau und die Bürgersteige sind gelb. Mitten in der Fußgängerzone sitzt der blaue Braunschweiger Löwe und spuckt gelbes Wasser. Iiieh! Gerade fahren wir in die blaue Tiefgarage, danach mit der gelben Rolltreppe nach oben. Hier wechseln sich blaue und gelbe Geschäfte ab. Ganz witzig! Vor dem Marathonbummel, den ich hasse, noch schnell einen Happen essen. Wir gehen zu McDonald's. Ich setze mich schon mal auf die gelbe Bank, an den blauen Tisch, und meine Mutter holt das Essen. Blaue Pommes und einen gelben Burger – ekelhaft! Zum Glück habe ich eine Fanta bestellt, die ist sowieso gelb. Abbeißen kostet Überwindung – schmeckt aber normal. Dann geht's los …

Irgendwann drückt meine Mutter mir ein paar Kleidungsstücke in die Hand und schiebt mich in eine Umkleidekabine. Vor dem Spiegel muss ich grinsen. Meine Mutter auch, weil sie denkt, es gefällt mir. Eine blau-gelb karierte Hose, ein gelb-blau gestreifter Pulli, einen gelben Turnschuh, der andere ist blau. Entzückend! Meine Mutter jubelt: »Schön, dass es dir gefällt, das nehmen wir.«

Auf der Fahrt nach Hause meint sie noch: »Hat Spaß gemacht, mal ohne Stress mit dir zu bummeln.« Da kommen plötzlich alle anderen Farben wieder zurück. Zu Hause dann der Schock, als ich die Klamotten auspacke.

Was hab ich mir denn da andrehen lassen? Ich hasse es! Meine Mutter kommt ins Zimmer und gibt mir den Rest: »Morgen besuchen wir Uroma, dann kannst du deine neuen Sachen gleich anziehen.«

Jetzt weiß ich: Schlimmer geht es immer!

*Marcel Raguse (12), Dietrich-Bonhoeffer-Realschule*

## Siegfriedellas Riesenhexerei

Um 1173 waren alle Bürger bis auf eine Ausnahme mit ihrem Herzog Heinrich dem Löwen und seiner Regierungsweise sichtlich zufrieden. Er ließ den Bürgern viel Freiheit, was ihnen gefiel.

Doch da war halt diese eine Ausnahme: die absolut böse Stadthexe Siegfriedella. Sie wollte viel lieber selbst an die Macht kommen und probierte es mit allen Mitteln. (Einmal hatte sie einen Müller nach Mexiko gehext, nur um an sein Korn zu kommen, das sie für einen Zaubertrank brauchte. Ein anderes Mal hatte sie eine ganze Stadt in Brand gesetzt, nur um in die Kirche zu kommen, um sich zwei Milliliter Taufwasser zu holen, das sie für einen XXL PVY-Trank brauchte. Diesen wiederum brauchte sie, um ihn gegen einen Besen mit Vernichtungskraft eintauschen zu können.)

Sie zauberte sich zu Heinrich und rief, umhüllt von einer giftgrünen Wolke: »Überlasse mir die Macht! Wenn du es nicht tust, passiert dir und deiner Familie etwas Furchtbares! Ich gebe dir drei Tage Zeit. Dann treffen wir uns am Platz wieder – du weißt schon, wo. Bis dahin!« Hämisch lachend verschwand sie mit einem lauten Puff im Nichts. Heinrich überlegte lange und kam zu jenem Ergebnis: Er würde sein Amt nicht freiwillig abgeben.

Am dritten Tag machte er sich auf den Weg zu dem vereinbarten Platz. Siegfriedella war schon dort. »Wie lautet deine Entscheidung? Du würdest sogar, wenn du dein Amt freigibst, von mir dies geschenkt bekommen.« Sie zauberte einen Dom und eine Burg, die sie Dankwarderode nannte, auf den Platz, den sie in »Burgplatz« umtaufte. »Also, was ist nun?« Sie lachte diabolisch. Heinrich war etwas irritiert und doch antwortete er tapfer: »Nein, ich bin nicht dazu bereit, mein Amt abzugeben!« – »Soso, kleiner unerfahrener, ungeküsster Frosch. Du machst gerade einen riesigen Fehler. Ich gebe dir noch eine Chance. Was ist nun?«, fragte sie fürchterlich gruselig. »Meine Antwort lautet nein«, sagte Heinrich, jetzt ganz schön mutlos und ängstlich.

Die Hexe lachte wieder und zählte bis drei.

Da gab es einen lauten Knall und Heinrichs Frau Mathilde stand wie betäubt da (wahrscheinlich war sie es auch), umhüllt von dickem smaragdgrünem Rauch. Sie war blass wie der Tod. Siegfriedella lachte noch immer grausam aus ihrem vergammelten Mund, wie eine, die den Krieg höchstpersönlich gewonnen hat. Sie verhexte Heinrichs Frau in einen sandfarbenen Gedenkstein mitten auf dem Burgplatz und grinste Heinrich vergnügt an: »Du bist ja plötzlich so blass, stimmt etwas nicht?« Heinrich schniefte, konnte aber dennoch eine ziemlich laute Stimme aufbringen: »Man muss krank im Kopf sein, krank! Wie konntest du nur?!« Heinrich wollte sich auf Siegfriedella stürzen, doch sie war schneller: »1 … 2 … 3, Riesenhexerei, Zauberspielerei, Hexen seid dabei!«

Ein riesiges Feuerwerk entstand am Himmel und erlosch ebenso schnell, wie es gekommen war, mit einem lauten Knall. Heinrich flog, durch den Wirbel mitgerissen, durch die Luft und … kam als goldenes Löwenstandbild direkt auf seine Steinfrau Mathilde (besser gesagt, auf den Gedenkstein) zugeflogen. Er landete mit einem leichten Aufschlag schön gerade mitten auf dem Stein.

Heute ist der Löwe nur noch hellschwarz. Wahrscheinlich, weil die Hexe sich wieder ein bisschen beruhigt hat und endlich ans Ende ihrer scheußlichen Lache gekommen ist.

Katerine Janietz (11), Gymnasium im Schloss

# Dem Löwen auf der Spur

»Ruhe bitte!«, rief unser Geschichtslehrer, Herr Ritterdorff. Momentan war in Geschichte das Thema Heimatkunde angesagt. Deshalb machten wir heute einen Ausflug, standen nun allesamt auf dem Burgplatz und hörten uns das Gelaber von einer neunmalklugen Stadtführerin an. »Und hier haben wir die stadtbekannte Statue von Heinrich dem Löwen ...«

Grrr ... Schon allein dieser Ton, mit dem sie sprach, machte mich wahnsinnig! Ich ließ mich auf dem Rand dieser »ach so wundervollen« Statue nieder. Immer diese Löwen, warum nicht zur Abwechslung mal Tiger? »Kommst du, Nicki?«, fragte meine beste Freundin Claudi. »Hä? Wie? Wohin?«, antwortete ich irritiert. »Hast du eben nicht zugehört?« Nee, hatte ich nicht. Warum auch? »Hast mal wieder an deinen Michael gedacht, oder?«, giftete sie mich leicht wütend an. Ja ... hatte ich. »Also ...«, begann Claudi genervt, »... wir sollen die verschiedenen hier aufgelisteten Stellen in Braunschweig aufsuchen und etwas zu ihnen herausfinden. Alles klar?« Murrend stand ich auf und folgte ihr.

Der erste Punkt auf der Liste war die Herrendorftwete. Das ist die engste Gasse Braunschweigs. Na super! »Und wo genau befindet sich die?«, fragte ich meine Freundin. »Ähm, ich glaub in der Nähe der Magnikirche.« Also trotteten wir munter drauflos. Das hieß, Claudi war munter und ich eher gelangweilt.

Nach einiger Zeit waren wir dann an unserem Ziel angelangt. Ich verdrehte die Augen, denn ich konnte mir absolut nicht vorstellen, was hieran so spannend war. Auf einmal klirrte es gewaltig und ein abgebrochener Porzellanlöwenkopf rollte vor meine Füße. Erschrocken sprang ich zur Seite. Als ich meinen Blick von dem Löwenkopf löste, sah ich einen Mann mit einem aufgerissenen Sack um die Ecke verschwinden. Er hinterließ eine Spur von Porzellan-, Stoff- und Tonlöwen. »Ach du meine Güte!«, schrie Claudi entsetzt. »Ein Dieb, schnell, ruf die Polizei!«, befahl sie mir. Das tat ich, doch es würde bestimmt noch eine Ewigkeit dauern, bis sie hier eintreffen würde.

»Schnell, ihm nach!«, rief eine Stimme, die ganz nach meiner klang. Also rannten wir los. Claudi, gut, wie sie war in Sport, schnell hinterher, und ich ächzte den beiden nach, immer noch mit Handy am Ohr. Der Halunke bemerkte uns und sprang wie der Blitz um die nächste Ecke, wieder in die Gasse hinein. Tja, aber leider war der Arme in eine Sackgasse geraten. Pech gehabt, dachte ich. Doch der Kerl grinste nur schmal, öffnete die Tür eines Hauses und verschwand dahinter. Wir hinterdrein.

Das Treppengeländer war so alt, dass es schwer war, schnell hinaufzugelangen.

Oben war niemand zu sehen. Überall standen Kisten und Wäscheständer herum. Einer davon bewegte sich. Sonst war es still. Gerade wollte ich mich umdrehen und gehen, da sah ich ihn. Ich stieß Claudi in die Rippen. Da hatte sich unser Freund doch in einem alten Pappkarton versteckt. Was für eine dämliche Zuflucht! Wenig später traf eine ganze Masse an Polizeiwagen ein. Ein wenig übertrieben, meiner Meinung nach. Da der Dieb sich nun wirklich in einer ausweglosen Situation befand, konnte ihn die Polizei fassen und festnehmen.

Es stellte sich heraus, dass wir einen lang gesuchten Dieb ertappt hatten. Dabei handelte es sich um einen verrückten Sammler von Löwenfiguren, der sich selbst »der Löwe« nannte. Er war schon in die Touristeninfo und in viele weitere Läden in Braunschweig eingebrochen und hatte dort verschiedene Löwenfiguren mitgehen lassen.

Wieder mal nichts mit meinen Tigern! Na, dann eben nicht! Aber hätte er in der Touristeninfo nicht nur Löwenfiguren, sondern auch noch einen Stadtplan geklaut, hätte er gewusst, dass die Herrendorftwete eine Sackgasse ist. »Cool, das müssen wir gleich den anderen aus der Klasse erzählen!«, rief Claudi stolz.

... und Michael, fügte ich lautlos in Gedanken hinzu.

Katarina Steinbock (12), Gymnasium Raabeschule

# Ein blaues Wesen bei den Lions

Seit mehreren Jahren gehe ich mit meinen Eltern zu den Heimspielen der Lions. Auf dem Stadionvorplatz gibt es vor jedem Spiel immer die verschiedensten Aktionen wie z.B. eine Hüpfburg, Musik, Gewinnspiele des Fanclubs und von Hitradio Antenne und einen Schminkstand, der immer von vielen Kindern, aber auch Erwachsenen umlagert ist. Auch ich stand regelmäßig in der Schlange, um mich schminken zu lassen. Man konnte sich aussuchen, wie man geschminkt werden wollte. Einmal ließ ich mich als blaues außerirdisches Wesen schminken. Mein ganzes Gesicht und die Haare wurden blau eingefärbt. Anschließend wurden meine Augen mit schwarzer Farbe umrandet. Von den Augen gingen nach oben und unten Farbspuren in Blitzform ab. Die Frau, die mich schminkte, machte noch ein Foto von mir, und fertig war das blaue Wesen.

Danach gingen wir ins Stadion und suchten unsere Plätze auf. Alle Leute, die mich sahen, taten so, als ob sie erschraken, oder waren fasziniert von meinem Aussehen. Eine Zuschauerin fragte sogar, ob sie mich fotografieren dürfe. Bevor das Spiel begann, liefen die Mannschaften ins Stadion ein. Die gegnerische Mannschaft wurde von den Zuschauern immer freundlich empfangen. Musik ertönte, während die Spieler der Lions durch einen langen Tunnel auf das Spielfeld liefen. Uns lief dabei eine Gänsehaut über den Rücken. Einige Spieler wurden namentlich erwähnt. Nach der Platzwahl begann das Spiel dann endlich mit dem Kickoff (Anstoß).

Das Spiel besteht aus insgesamt viermal zwölf Minuten effektiver Spielzeit. Der Football muss in die gegnerische Endzone getragen werden. Dies nennt man Touchdown, für den die Mannschaft sechs Punkte bekommt. Dann hat das Team die Chance, durch einen Kick durch die Torstangen einen weiteren Punkt zu bekommen. Danach wechselt das Angriffsrecht. Jede Mannschaft hat maximal vier Versuche, zehn Yards zu überwinden. Schaffen sie das, haben sie wieder vier Versuche. Schaffen sie es nicht, darf die andere Mannschaft angreifen. Gewonnen hat das Team mit den meisten Punkten. Obwohl das Spiel brutal aussieht, gibt es kaum schwere Verletzungen, weil die Spieler durch Helm und dicke Polster geschützt sind. Außerdem gibt es wie beim Fußball auch strenge Regeln, die von den sieben Schiedsrichtern überwacht werden. Fouls werden durch Raumverluste bestraft.

Das Schöne am Football ist, dass es nicht zu Ausschreitungen kommt und man mit der ganzen Familie einen schönen Samstag erleben kann.

Konstantin Mix (11), Gymnasium Christophorusschule

# Die Bombe

Wie immer ging ich zu Bett und las ein Buch, bevor ich einschlief. Meine Eltern saßen im Wohnzimmer und guckten Fernsehen. Meine Schwester war im Badezimmer und putzte sich die Zähne. Als es Nacht war und alle schliefen, hörte meine Mutter Sirenen und sie sah Licht. Mein Vater wachte auch auf und beide schauten aus dem Fenster. Sie sahen die Feuerwehr. Meine Eltern hörten, dass ein Feuerwehrmann mit einem Megafon ganz laut »Achtung, Achtung!« rief. Mein Vater zog sich an und lief schnell nach unten. Meine Mutter weckte meine Schwester, die eigentlich schon wach war. Sie zogen sich schnell an. Als mein Vater zurückkam, sagte er, dass im Schlosspark, da, wo sie heute noch ein riesiges Einkaufszentrum bauen, eine Bombe aus dem Zweiten Weltkrieg gefunden wurde. Alle, die in der Nähe des Schlossparks wohnten, sollten in die VW- oder in die Stadthalle kommen.

Sofort kam meine Schwester mich wecken und sie sagte mir auch den Grund. Ich wollte ihr das überhaupt nicht glauben. Also rief sie schnell meine Mutter und erst dann bin ich aufgestanden. Gerade als ich mich umziehen wollte, sagte mein Vater ganz schnell, dass wir noch zehn Minuten hätten. Ich hatte so eine Angst bekommen, dass ich in nur einer Minute fertig war.

Also gingen wir alle runter und liefen zum Bus. Viele Leute waren darin und alle redeten über dasselbe Thema. Ich war natürlich todmüde. Die ganze Nacht sollten wir in der VW-Halle verbringen und warten, bis sie die Bombe beseitigt hatten. Feuerwehrleute und andere gaben Decken und Kissen rum. Ganz unten konnte man sich etwas zum Knabbern holen, Schokolade, Obst, Brezeln und so. Ab und zu kam ein Feuerwehrmann und sagte uns, was so passierte. Einer unserer Nachbarn saß eine Reihe hinter uns. Meine Mutter redete mit ihm. Mein Vater und meine Schwester machten die ganze Zeit Witze, um sich bei Laune zu halten. Irgendwann versuchte ich die Leute zu zählen, aber das ließ ich schnell wieder sein, da es zu viele waren und sie sich immer bewegten.

Nach kurzer Zeit kam wieder einer von der Feuerwehr und sagte, ein Spezialist sei unterwegs und sollte die Bombe beseitigen. Wir alle hofften, es würde alles gut gehen und wir könnten schnell nach Hause gehen. Ganz oft kam der Feuerwehrmann wieder und meinte, der Spezialist würde sich verspäten. Wir wurden immer unruhiger. Mir fiel auch wieder etwas auf: Ein Mann und sein Hund blieben die ganze Zeit an derselben Stelle stehen, ohne sich einmal zu bewegen. Das brachte mich zum Lachen.

Endlich aber sagte der Feuerwehrmann, dass die Bombe beseitigt wurde. Bald kamen auch die Busse wieder und wir stiegen ein. Als wir zu Hause waren, fiel ich sofort ins Bett.

Claudia Polimeno (10), Realschule Georg-Eckert-Straße

## Eine Kinderspielmeile in den Schloss-Arkaden?

Jedes Jahr sind meine Schwester, meine Eltern und ich zur Kinderspielmeile nach Braunschweig gefahren. Wir haben uns jedes Jahr darauf gefreut, weil wir dort tolle Sachen basteln, Kisten rutschen, auf Kamelen reiten, im Gras picknicken, uns unter den Bäumen in den Schatten setzen oder, wenn uns zu warm war, unsere Hände in Springbrunnen halten konnten. Es gab auch eine Bühne, auf der Clowns und Musiker aufgetreten sind. Wir hatten jedes Mal sehr, sehr viel Spaß.

Doch dieses Jahr wird wohl alles anders sein. Keine Bäume, kein Gras und keine Springbrunnen. Dafür stehen dort jetzt die Schloss-Arkaden, die eigentlich sowieso keiner braucht.

Wird es die Kinderspielmeile dieses Jahr auch noch geben? Und wenn es sie gibt, wie wird sie sein? Wo finden wir Schatten, wo können wir sitzen, wo können wir picknicken, wo werden wir basteln oder spielen?

Finden wir all dies in den Schloss-Arkaden? Wohl nicht, oder gibt es im Einkaufszentrum Kamele?

Wir sind schon sehr gespannt, wie es dieses Jahr sein wird!

Franziska Bormann (11), Wilhelm-Gymnasium


# Wie der Löwe nach Braunschweig kam

Hugo der Löwe lebte in den warmen Steppen von Afrika. Doch er langweilte sich. Den lieben langen Tag saß er im Schatten und fraß Fleisch. So dachte er: »Ich muss hier weg und in die weite Welt ziehen. Ich will etwas erleben.«

Eines Tages ging er zum Reisebüro und ließ sich Tipps geben. Die nette Frau zeigte ihm schöne, warme Länder, doch Hugo fand nichts davon toll. Als er dann in ein anderes Reisebüro ging, merkte der dort Arbeitende, was Hugo fehlte. Er wollte Spaß haben und nicht faulenzen. Mit der Empfehlung dieses Mannes flog Hugo nach Hannover. Von dort aus wollte er eine Deutschlandtour antreten. Erst nach Braunschweig, um die original Braunschweiger Mumme zu probieren, dann nach Wolfsburg in die Altstadt und schließlich nach Köln, um den Dom zu sehen.

Doch es kam anders! Als er mit dem Zug nach Braunschweig fuhr, dachte er: Endlich erlebe ich was! In Braunschweig suchte er sich ein schönes Hotel, um dort für zwei Tage zu bleiben. Da er nur den späten Zug gekriegt hatte, konnte er nur noch Abendbrot essen, bevor er todmüde ins Bett fiel. Am nächsten Tag ging er in die Brauerei, um die echte Braunschweiger Mumme zu probieren. Doch als er den ersten Schluck nahm, spuckte er das Bier sofort wieder aus und rief: »Da ess ich ja lieber Käsefüße, als dass ich dieses Teufelsgetränk wieder in den Mund nehme!«

Da es erst elf Uhr war, wollte Hugo zur »Neuen Oberschule« gehen, um seinen alten Freund Laurin bei den Aufgaben zu unterstützen. Doch er fand den Weg nicht. So ging er in den Botanischen Garten und schaute sich die wunderschönen Blumen und Bäume an. In einem Gewächshaus sah er dann ein riesengroßes Seerosenblatt und sagte sich: »Das würde mich sicherlich halten.« Aber als er gerade daraufspringen wollte, kam ein Wärter und sagte ihm, dass er das lassen solle. Hugo setzte sich auf eine Bank und sagte sich: »Ich müsste etwas haben, von wo aus ich ganz Braunschweig überblicken kann.«

So ging er zum Dom. Da sah er auf dem Domplatz ein riesiges Podest. Mit einem riesengroßen Satz sprang er hoch und konnte tatsächlich ganz Braunschweig überblicken. Ganz laut brüllte er: »Hier will ich für immer bleiben!«

Laurin Mittelstaedt (12), Gymnasium Neue Oberschule

# Die Überraschung

An einem schönen Tag saßen ich, Yeþim, und meine Freundin Tugba im Stadtpark, wo wir ein Eis leckten. Im Stadtpark ist es immer so schön. In Braunschweig im Stadtpark ist es meistens ruhig. Ich und Tugba gingen ein bisschen herum.

Wir hörten etwas rascheln hinter den Büschen und Bäumen. Ich sagte: »Tugba, ich kriege Angst, lass uns schnell weggehen von hier, bitte!« Tugba sagte: »Nein, du kannst ja gehen, aber ich nicht.« Ich fragte: »Warum?« Sie antwortete: »Na, guck doch nach hinten!« So guckte ich … und sah nur ein Eichhörnchen! Wir grinsten uns an.

»Yeþim, komm mal schnell hierher!«, rief Tugba. »Schnell!« – »Was ist denn los?«, fragte ich. »Komm doch einfach, dann siehst du es«, rief sie zurück. Ich rannte zu ihr und sah eine Karte. Die Karte war wahrscheinlich sehr alt, sie war sehr dreckig. Tugba machte sie auf und da stand ein Weg drauf. Wir waren sehr gespannt, wo wir landen. Deswegen folgten wir der Karte bis zu einem alten kleinen Haus. »Wir sind wohl da, hier ist ein rotes Kreuz. Komm, lass uns reingehen und gucken, was da ist! Ich bin voll gespannt.« – »Ich auch«, rief Tugba zurück. Wir machten die Tür auf und sahen nichts, weil das Licht aus war. Tugba sagte: »Yeþim, ich weiß nicht, ob wir das richtig gemacht haben. Ich kriege ein bisschen Angst.« – »Ach, komm schon, ist doch nur ein Haus!« – »Das ist nicht nur ein Haus, es ist hier so gruselig!«, sagte Tugba. Ich antwortete: »Wahrscheinlich ist es so dreckig, weil hier lange nicht mehr sauber gemacht wurde.« Als ich das Licht anmachen wollte, rief Tugba schnell: »Nein!« Ich fragte wütend: »Tugba, was ist denn mit dir heute los, du bist so komisch! Ich mache jetzt das Licht an.«

Als ich dann das Licht anmachte, sah ich alle meine Freunde. Alle riefen gleichzeitig: »Happy Birthday, Yeþim!« Ich war erst sehr erschrocken, aber dann war ich so glücklich! Ich sagte zu ihnen allen: »Ich dachte schon, ihr habt vergessen, dass ich Geburtstag habe.« Und zu Tugba: »Du hast das alles gemacht, mit der Karte und so?« Sie antwortete: »Na klar mach ich das für meine beste Freundin!« Wir feierten alle, tanzten, lachten, sangen, spielten. So ging der Tag vorbei.

Yeşim Ayhan (10), Realschule Georg-Eckert-Straße

# Die Stadt, der Tod und der Löwe

Ich bin Anna und will euch die Geschichte erzählen, die mein Leben komplett veränderte. Als ich dreizehn Jahre alt war, zog ich mit meiner Familie von Berlin nach Braunschweig. Meine einzige und jüngere Schwester Suse (vier Jahre alt) und ich haben echt alles versucht, um in Berlin zu bleiben, aber es hat nichts gebracht. Wir zogen in ein Mietshaus, das zwei Kilometer von der Innenstadt entfernt war.

Als wir eines Tages, es war ein Sonntag, eine Stadtrund-fahrt machten, fand Suse wahrscheinlich die Liebe ihres Lebens. Als sie vor dem Braunschweiger Löwen stand, war sie so fest entschlossen, sich auf ihn draufzusetzen, dass wirklich keiner sie davon abhalten konnte. Mein Vater hob sie hoch und sie setzte sich auf den Rücken des Löwen. Ich muss gestehen, am Anfang fand ich es peinlich, aber als ich ihren Gesichtsausdruck sah, wusste ich, dass sie das glücklich machte. Meine Mama hatte längst die Kamera geholt und knipste sich die Finger wund.

Ungefähr zwei Monate nach dem Umzug hatte Suse Freunde in der Nachbarschaft gefunden. Da zwischen den Häusern eine große Kreuzung war, hielt ich sie an der Hand fest und ging mit ihr bis an die Ampel. Die hatte sich gerade auf Rot umgestellt und wir blieben brav auf dem Bürgersteig stehen. Da sah Suse eine Katze an der anderen Straßenseite, die über die Kreuzung springen wollte. Ich dachte mir nichts dabei und ließ Suses Hand los, um mir die Nase zu putzen. Suse aber lief auf die Straße und wollte das Kätzchen vor einem Auto retten.

Dann geschah etwas, das nie hätte geschehen dürfen. Sie wurde von einem PKW erfasst und war sofort tot. Die Katze überlebte. Wie erstarrt stand ich da. Ich konnte weder etwas sagen noch mich bewegen. Papa und Mama waren inzwischen am Unfallort, heulten und konnten nicht mehr aufhören. Da erst bemerkte ich, was eigentlich geschehen war, und lief auf Suse zu. Ich kniete mich zu ihr und sagte immer wieder: »Bleib bei uns! Gib nicht auf …!«, doch es half alles nichts. Da kam auch schon der

Krankenwagen, der Suse und uns mitnahm. Aber sie war tot und kein Wiederbelebungsversuch konnte sie zurückbringen.

Eine Woche nach dem Unfall war die Beerdigung. Alle, die wir kannten, waren da, nur ich nicht. Anstatt zur Beerdigung zu gehen, war ich auf dem Weg zum Löwen. Zu dem Löwen, zu dem sie gerne gegangen war und den sie sehr geschätzt hatte.

*Sylvia W. Schweigler (13), Otto-Hahn-Gymnasium Gifhorn*

## Groß und doch klein

Der Braunschweiger Dom liegt in der Braunschweiger Innenstadt. Das weiß ich, weil ich mit meiner Klasse dort war. Der Braunschweiger Dom ist wirklich groß, der ist aus purem Gold und da kann kein normaler Mensch durch. Die Stadt Braunschweig ist groß. Meine Freunde Bartoz, Sunny und Sylvester waren dort und haben auch Pommes gegessen. Und Braunschweig ist eine kleine Stadt, aber die Stadt ist schön. Die Hotels sind hier nicht wie in der Türkei, aber dafür ist es hier auf den Spielplätzen schöner als in der Türkei! Und bessere Sachen gibt es. Meine Freunde und ich freuen uns immer, wenn wir in die Stadt gehen, weil es so schön ist hier.

*Enes Durmaz (12), Realschule Georg-Eckert-Straße*

# Burg Dankwarderode im Jahre 1167

Ich bin Barbarossa und das Pferd von Ritter Joschka. Heute hat Heinrich der Löwe auf Burg Dankwarderode ein Turnier veranstaltet. Den ganzen Vormittag war ein reges Treiben und buntes Durcheinander zu beobachten. Am Morgen kamen die Bauern, die einen Teil ihrer Ernte brachten; außerdem kamen Fischer, die verschiedene Fischarten wie zum Beispiel Forelle, Aal und Karpfen brachten. Es kamen auch Bäcker zur Burg und lieferten ihre Fladen, Kuchen und Brote in der Küche ab. Während dieser ganzen Zeit waren die Diener und Mägde damit beschäftigt, die Burg prachtvoll zu schmücken und den Turnierplatz für den Wettkampf aufzubauen.

Der Sieger des Turniers bekommt die schöne Prinzessin Flora zur Frau. Der Knecht Kunibert kam zu mir, gab mir zu fressen und zu trinken, striegelte, sattelte und schmückte mich. Dann hörte ich Ritter Joschka in seiner schweren, metallisch klappernden Rüstung den Stall betreten. Er stieg auf und ich spürte sofort die zentnerschwere Rüstung auf meinem Rücken.

Unser erster Kampf war gegen Ritter Sigurd. Die Schranken gingen hoch und wir preschten aufeinander los. Die Hufe des gegnerischen Pferdes wirbelten eine Menge Staub auf. Plötzlich fiel Ritter Sigurd ohnmächtig vom Pferd, denn er war von der Lanze meines Ritters getroffen worden. Wir hatten diesen ersten Kampf gewonnen. Die nächsten vier Kämpfe des Turniers gewannen wir auch. Das Publikum war begeistert und jubelte uns mit lauten Rufen zu.

Den letzten Kampf aber haben wir leider gegen Ritter Friedhelm verloren. Somit bekam er Prinzessin Flora zur Frau und eröffnete am Abend zum festlichen Abschluss des Turniers mit ihr den Ball. Der Knecht Kunibert brachte mich in den Stall und striegelte mich. Dann kam auch noch Ritter Joschka zu mir. Ich fühlte und wusste, dass Ritter Joschka stolz auf mich war, und bekam ein Leckerli von ihm. Danach ging Ritter Joschka ebenfalls zum Ball und feierte mit den anderen. Ich und die anderen Pferde machten es uns in den Boxen bequem, denn es war ein anstrengender Wettkampf gewesen.

Marie Nerreter (11), Martino-Katharineum

## Alarm im Museum

Meine Mutter behält immer die Nerven, selbst in den allerbrenzligsten Situationen. Darum hatte sie auch nichts dagegen, meine Rabaukenklasse durch die Burg Dankwarderode zu führen.

Natürlich schlug ich meiner Klasse den Museumsbesuch nicht ohne Hintergedanken vor. Ich wollte Pluspunkte sammeln. Die hatte ich bitter nötig, denn ich war nicht sehr beliebt, und weil meine Mutter schon viele Jahre Museumsführerin für Schulklassen war und ihre

»Pappenheimer« kannte, wie sie sagte, machte ich mir keine großen Sorgen, als es am Dienstag losging.

Zur vereinbarten Zeit standen ich, meine Klasse und Frau Hellmann vor der Tür der Burg und warteten auf dem Burgplatz auf meine Mutter. Wie immer verspätete sie sich, und so dauerte es auch an diesem Tag seine Zeit, bis sie mit gemütlichen Schritten um die Ecke kam. Nach einer kurzen Begrüßung rief sie den Jungen unserer Klasse, die inzwischen auf dem Löwendenkmal herumkletterten, zu: »Wer jetzt nicht kommt, bleibt draußen.« Niemand musste draußen bleiben. Als Erstes führte meine Mutter die Klasse die Stufen zum Rittersaal hinauf. »He«, sagte ich zu ihr und sie sagte: »Du wirst jetzt wie alle anderen behandelt.«

Das fand ich sehr unfair. Aber ich musste mich fügen und mir ihr langweiliges Zeug über Minnesang, Turniere und Belagerungen anhören. Auch in der Kemenate wurde es nicht besser. Sandy und Manuela, die hinter mir standen, gähnten, als meine Mutter sagte: »Stellt euch einmal vor, einen ganzen Winter in unbeheizten Räumen zu verbringen.« Während sie weiterredete und mit uns die Stufen wieder hinunterging, blickte ich verstohlen zu meinen Mitschülern hinüber. Die schienen sich alle zu langweilen.

Vor der hohen, sperrigen Tür des Knappensaals erwartete uns dann Herr Struck. An dem kam niemand vorbei. Er belehrte uns und wurde richtig grimmig, als er uns durch die Tür lassen musste. Im Knappensaal zeigte er auf den Löwen und meckerte: »Seid vorsichtig! Die Linien auf dem Boden nicht berühren! Sonst geht der Alarm!« Niemand wollte den Alarm auslösen. Nicht vor Herrn Struck. Und darum hielten sich alle Kinder weit genug von den Bodenlinien entfernt.

Als wir zum ersten Mal den Alarm hörten, war es meine Mutter, die ihn mit einer Armbewegung ausgelöst hatte. »Passen Sie besser auf«, maulte Herr Struck sie an. Meine Mutter lächelte und erzählte weiter. Sie trat einen Schritt zurück und der Alarm schrillte ein zweites Mal. Herr Struck rief: »So geht das nicht.« Doch meine Mutter machte weiter. Ich hörte die Mädchen hinter mir kichern, und da wusste ich, dass ich für alle Zeiten bei ihnen erledigt war. Der dritte Alarm, den meine Mutter auslöste, als sie die menschlichen Ohren des Löwen anfasste, war für Herrn Struck zu viel. Er raste auf uns zu und schrie: »Alles raus hier!«

Alles, was Beine hatte, lief. Und ich war die Erste, die draußen war. Meine Mutter aber behielt die Nerven und lud die Klasse zum Eisessen ein. Der Tag war gerettet und natürlich sammelte ich viele, viele Pluspunkte.

Anne-Katrin Meling (11), Ricarda-Huch-Schule


## Glücksbringer bei der Eintracht

Meine Hobbys sind Fußball und Musik. Was das mit Braunschweig zu tun hat? Ganz einfach: Zum einen habe ich in Braunschweig an der Städtischen Musikschule den besten Klarinettenlehrer, den ich mir denken kann, und zum andern durfte ich vor kurzem mit meiner Fußballmannschaft beim Zweitligaspiel Eintracht Braunschweig gegen Carl Zeiss Jena mit den Braunschweiger Fußballprofis auf das Spielfeld auflaufen.

Es war Freitag, der 27. Januar, und ein kalter Wintertag. Wie immer freitags hatte ich bei Herrn Goetzke Klarinettenunterricht. Da er selbst begeisterter Fußballfan ist, hatte er nichts dagegen, mich an diesem Tag etwas früher als sonst aus dem Unterricht zu entlassen, damit ich pünktlich im Stadion sein konnte. Eigentlich ist es vom Magniviertel bis zum Stadion mit dem Auto nicht sehr weit, aber es fing gerade wieder an zu schneien, und ich war schon ganz aufgeregt, ob meine Eltern und ich es noch pünktlich bis zum Treffpunkt Südkurve schaffen würden. Aber wir hatten Glück und trafen die übrigen Mitglieder meiner Mannschaft und die Trainer, als sie gerade auf dem Weg vom Parkplatz zum Stadion waren. Am Stadion angekommen, stellte ich fest, dass eine Stunde vor Spielbeginn mehr Fans vor als im Stadion waren. Die Schlangen an den Würstchen- und Getränkebuden waren nämlich ziemlich lang. An jeder Bude standen mindestens zehn Leute, um sich mit etwas Warmem zu versorgen.

Bevor meine Mannschaft und ich auf unsere Plätze durften, wurden wir von einem netten Herrn vom Personal in eine Kabine geführt, in der wir ein Trikot bekamen, mit dem wir einlaufen sollten. Dann erklärte uns der Herr, in welchem Fanblock wir nach dem Einlaufen unsere Sitzplätze hatten. Die Trikots durften wir über unsere Trainingsanzüge ziehen, denn draußen war es unheimlich kalt. Nun gingen wir vor das Spielfeld, um den Eintracht-Profis beim Aufwärmen zuzusehen. Dabei wurden wir von unseren Eltern fotografiert.

Dann war es endlich so weit: Wir durften einlaufen! Dazu gingen wir zum Ausgang der Katakomben und nach wenigen Minuten kamen auch schon die Spieler heraus. Ich lief mit dem Spieler mit der Nummer 35 auf das Spielfeld. Was mich in diesem Moment jedoch am meisten faszinierte, war die große Euphorie, die im Stadion herrschte. Die Fans waren sehr laut und feuerten ihre Mannschaft bereits vor dem Spiel an. Das Stadion war zwar nicht voll, aber fast alle Anwesenden waren wohl Braunschweig-Fans. Als wir mit den Spielern im Mittelkreis standen, winkten wir den Zuschauern nach allen Seiten hin zu. Dann mussten wir das Spielfeld wieder verlassen. Inzwischen hatte es wieder angefangen zu schneien, und wir schlüpften schnell in unsere Schneeanzüge, um uns dann das Spiel anzusehen.

Die Stimmung war toll, obwohl die Partie sehr schlecht war. Allerdings lag auch sehr viel Schnee auf dem Spielfeld. Erst als Jürgen Rische in der 86. Spielminute den 1:0-Siegtreffer markierte, wurde es noch einmal spannend. Doch den ersten Heimsieg der Eintracht konnte Jena nicht mehr verhindern. Zufrieden und auch etwas überrascht über diese Leistung fuhr ich mit meinen Eltern nach Hause.

Ich lag zwar anschließend drei Tage lang mit Fieber und einer dicken Erkältung im Bett, doch ich hätte dieses Erlebnis nicht missen wollen. Ein paar Tage später waren meine Mannschaft und ich sogar in der Zeitung abgebildet mit der Überschrift: E1-Junioren als Glücksbringer für die Eintracht!

Konstantin Briegel (10), Ratsgymnasium Goslar

## Unter Verdacht

Als ich mit meinen Freunden zum Burgplatz schlenderte, sahen wir, wie Männer mit einem Autokran die Braunschweiger Löwenstatue auf einen Lastwagen luden. Ich sagte entsetzt: »Die stehlen den Braunschweiger Löwen!« Meine Freundin, die Julia hieß, flüsterte: »Sollen wir die Polizei rufen?« – »Nein!«, sagte Tim, mein anderer Freund. Er schrie fast. Ich zischte böse: »Leise, oder sie hören uns.« Doch zu spät. Einer der Männer schlich zu uns und fragte: »Was tut ihr hier?« – »Nichts!«, rief ich erschrocken und rannte mit meinen Freunden fort. »Wer war das?«, fragte ein anderer Mann. »Keine Ahnung«, erwiderte der eine.

Einige Straßen weiter blieben wir außer Atem stehen. »Das war knapp«, keuchte Tim. »Das war's echt«, erwiderte Julia. »Wir haben Besseres zu tun, als zu diskutieren, ob es knapp war oder nicht«, sagte ich. »Die Stimme des Mannes kommt mir bekannt vor«, murmelte ich. »Wir müssen die Statue finden«, sagte Tim. »Aber wie?«, sagte Julia verzweifelt. Hinter uns hörten wir Motorgeräusche. »Ist das nicht der Laster da hinten?«, fragte Tim ein wenig irritiert. »Ja, das ist er!«, rief ich. »Los, verstecken«, drängte Julia. »Hinter den Container!«, rief Tim aufgeregt. Der Laster kam näher und näher, dann hielt er vor einem Waschladen, der »Sauber und rein« heißt. »Den Laden kenn ich«, flüsterte ich unruhig. »Was wollen die da?«, flüsterte Julia zurück. »Keine Ahnung«, gestand Tim.

»Das ist Tom, mein Nachbar!«, rief ich entsetzt. Tom und die anderen Personen waren ausgestiegen. Als Tom seinen Namen hörte, horchte er auf. Ich schlug mir die Hand vor den Mund. »Was machst du da hinter dem Müllcontainer?«, fragte Tom irritiert. »Die Frage ist, was machst du mit dem Braunschweiger Löwen?!«, gab ich zurück. »Genau«, riefen Julia und Tim. »Was schon, ich will ihn waschen, das ist mein Job«, antwortete Tom gereizt. »Echt?«, fragte ich verdutzt. »Ja, echt«, erwiderte Tom. »Ich arbeite hier.« – »Oh«, sagte Tim leise. Julia platzte heraus: »Wir dachten, du stiehlst den Löwen!«

»Was ist hier los, Tom? Wer ist das?«, fragte ein Mann, der aus dem Waschladen kam. »Das ist meine Nachbarin mit ihren Freunden, Herr Spilinskie«, antwortete Tom. »Aha«, sagte Herr Spilinskie. »Guten Tag, Herr Spielinskie«, sagten Julia, Tim und ich wie aus einem Munde. »Wir dachten, Sie stehlen den Braunschweiger Löwen.«

»Aber nein, wir haben vom Bürgermeister den Auftrag bekommen, den Löwen zu säubern.« – »Die ganze Aufregung wegen nichts«, lachte ich. Und alle lachten mit.

*Anna Maria Kohlhause (11), Realschule Georg-Eckert-Straße*

# Ein guter, aber auch etwas schlechter Tag

Vor ein paar Wochen ging ich mit meinen Freunden in die Eissporthalle Braunschweig. Da wir leidenschaftliche Eisläufer sind, haben wir uns wie jedes Mal auf die Eis-Disco gefreut. Die Hinfahrt ist nichts Besonderes. Sie ist immer langweilig, da wir so lange in der Straßenbahn sitzen und quer durch die Stadt fahren müssen. Zum Glück gibt es da noch das Handy mit eingebautem mp3-Player, aber was nützt es einem, wenn der Akku leer ist? So ein Dreck! Na ja, dann summen wir die Lieder halt, weil keiner von uns singen kann.

Endlich angekommen geht es auch schon gleich los. Kaum ist die Musik an, schon laufen alle auf die Fläche. Natürlich drehen wir die ersten paar Runden extraschnell, dass wir so richtig ins Schwitzen kommen. Die restliche Zeit fahren wir langsamer, um nicht die Puste zu verlieren.

Nach einiger Zeit kamen ein paar Mädchen zu einem von meinen Freunden und haben ihn angesprochen. Voller Neugier bin ich langsam, aber stilvoll näher an sie herangefahren. Plötzlich hat auch mich ein Mädchen aus der Gruppe angesprochen. Sie redete mit so einem komischen Akzent, als ob sie aus einem anderen Land käme. Sie hatte lange blonde Haare und blaue Augen und die restlichen Eigenschaften stimmten auch mit meinem Geschmack überein. Perfekt, jetzt nur noch ihre Frage beantworten und schnell nach ihrem Namen fragen.

Aber ein Problem gab es. Ein sehr großes. Ein sehr, sehr großes! Sie war eine französische Austauschschülerin und konnte nur wenig Deutsch. Hätte ich im Französischunterricht nicht andauernd geschlafen, wär alles viel einfacher!, dachte ich mir. Aber nein, man macht sich in der Vergangenheit ja keine Gedanken darüber, was in der Zukunft passieren würde. Gut, ich habe also versucht, mit ihr auf Englisch zu reden. Nur, das konnte sie auch nicht! Mit Zeichensprache kann man sich halt immer noch am besten verständigen. So lief es den ganzen Tag weiter. Zumindest war es lustig und man hat seine Zeit für etwas Sinnvolles verschwendet. Na ja, so sinnvoll war das nun auch wieder nicht.

Ach ja, die wichtigste Szene hab ich glatt vergessen: Als sie fast hinflog, hab ich noch versucht, sie aufzufangen. Das ist mir auch gelungen, nur meinen Arm konnte ich in den nächsten zwei Wochen vergessen.

Matthias von Maikowski (13), Gymnasium Raabeschule

## Heimatprüfung für Mäuse

Mit vollem Magen, aber glücklich lief Mäusin Lilli mit ihrer Mäuse-Freundin Sue am Ende des Magnifestes den Magnitorwall zum Staatstheater hinauf. Dort wohnten die beiden nämlich, zwischen den Sitzen 23 und 24 in Reihe F, in einem gemütlichen Mäuseloch. »Ach ja«, piepste Lilli, »so viel habe ich noch nie an einem Tag gefressen!« – »Stimmt, aber lecker war es auf jeden Fall!«, gab Sue zurück. Müde vom anstrengenden Tag krabbelten sie in ihr Loch und rollten sich in ihren Nestern aus Fusseln und Stofffetzen zusammen. Schnell schliefen die beiden ein.

Auf einen Fetzen war Lilli besonders stolz: Er stammte von der Jacke des Braunschweiger Bürgermeisters Hoffman. Er hatte sich gerade im Theater ein besonderes Stück angeschaut. Da war die frierende Lilli vorbeigehuscht und hatte seine Winterjacke entdeckt. Schnell hatte sie etwas von der Fütterung abgeknabbert und war in ihrem Mäuseloch verschwunden. Ob er wohl wusste, was mit seiner Jacke passiert war? Bei diesem Gedanken mussten die beiden Mäusinnen immer kichern.

Doch als die beiden am Morgen aufwachten, traf sie der große Schock: »O nein!«, piepste Sue aufgeregt. »Wach auf, Lilli, wach auf!« Ihre Freundin war gar nicht begeistert. »Mein Gott! Weißt du, wie spät es ist?«, grummelte die Langschläferin. »Aber jetzt bin ich ja wach, was ist denn so Dringendes passiert?«, fragte sie halb spottend, halb versöhnlich. »A-a-also«, begann Sue stotternd. Ihre Stimme überschlug sich: »Als ich heute früh aufgewacht bin, lag ein Brief des Mäuseverbandes Braunschweig vor unserem Loch.« – »Und was schreiben sie?«, fragte Lilli. Plötzlich war sie nämlich gar nicht mehr müde. Der Mäuseverband war etwas ganz Besonderes. Er organisierte fast ein ganzes Mäuseleben. Sue öffnete den Brief und las vor: »Liebe Mäusinnen Lilli Kleeblatt und Sue Butterblume! Ihr seid nun vier Jahre alt (in Menschenleben: elf Jahre), alt genug, um an der Heimatprüfung, der wichtigsten Prüfung eures Lebens, teilzunehmen. Bei diesem Test müsst ihr eine Strecke in Braunschweigs Innenstadt zurücklegen. Wer nicht besteht, darf laut §1 des Mäusegesetzbuches nur mit Begleitung einer Maus, die diesen Test bestanden hat, längere Touren durch Braunschweig machen. Beginn: 26.9., wenn die Sonne hoch am Himmel steht. Treffpunkt: Dom St. Blasii. – O nein, das ist ja schon morgen!« – »Au Backe«, meinte Lilli nur. Sie waren nicht begeistert!

Am nächsten Tag trafen beide pünktlich ein. Begrüßt wurden sie von einem älteren Mäuserich, der sich als Heinrich Hahnenfuß vom Mäuseverband BS herausstellte. Er gab ihnen eine Liste der Strecke. »So, zuerst zum Kohlmarkt«, meinte Lilli und zog Sue hinter sich her die Schuhstraße entlang. »Nun zur St. Ulrici-Brüder-Kirche«, las Sue. »Ich glaube, wir müssen an der Schützenstraße lang.« – »Können diese Menschlinge denn nicht mal aufpassen, wo sie hintreten!«, fluchte Lilli, die gerade noch zur Seite springen konnte.

Endlich waren sie angekommen. »Ich kann nicht mehr.« Sue lehnte sich an den kühlen Stein der Kirche. Lilli tat es ihr gleich. »Was ist denn die nächste Station?« – »Der Burglöwe, wo geht's lang?«, fragte Sue. »Hier«, Lilli deutete auf eine Straße. Mittlerweile wurde es dunkel, und als sie am Denkmal ankamen, war es stockfinster. »Wo lang müssen wir zurück zum Dom?«, fragte Sue ängstlich. »Warte mal …« Doch auch Lilli wusste keine Antwort. Die Mäusinnen hechteten durch alle Gassen und zuckten zusammen, wenn es miaute oder fauchte.

Doch endlich erblickten sie Heinrich Hahnenfuß, wie einen Schatten im Dunkeln. »Na endlich«, seufzte er erleichtert. »Ihr habt es geschafft!« Das Jubeln von Lilli und Sue klang laut in die Nacht hinein. Heinrich Hahnenfuß und die Mäusinnen verabschiedeten sich, und Lilli und Sue kletterten erschöpft in ihre Nester, wo sie eng aneinandergekuschelt einschliefen. Ich glaube, sie waren noch nie so froh, endlich wieder bei ihren Stofffetzen zu liegen. Aber das ist ja klar, wenn man Braunschweig aus Mäusesicht gesehen hat!

Lisa Neele Dittrich (11), Gymnasium Neue Oberschule

# Ein Stück Mexiko in Braunschweig

An einem Abend des letzten Sommers fuhren meine Schwester Sophie und mein Vater zum Flughafen Hannover, um eine Mexikanerin abzuholen. Meine Schwester machte mit ein paar anderen Schülern bei einem »besonderen« Schüleraustausch mit. Sie wollten Mexikaner und Mexikanerinnen zwei Wochen bei sich zu Hause haben und die Deutschen würden nach Mexiko reisen. In die Schule musste die Mexikanerin natürlich auch mit Sophie.

Ich sah gerade ein Fußball-WM-Spiel, als es an der Tür plötzlich klingelte, und ich machte auf. Vor mir stand eine schwarzhaarige Mexikanerin, die nett sagte: »Hallo, ich heiße Ximena.« Als sie noch meine Mutter begrüßte, waren schon die ersten Stunden vertickt und alle gingen schlafen. Deutsch konnte Ximena sprechen, denn sie ging dort auf eine deutsche Schule.

Bei strahlendem Sonnenschein wollten wir mit dem Fahrrad ins Schwimmbad fahren. Fahrrad fährt man aber in Mexiko-City sehr wenig, denn so gut wie hinter jeder Ecke stehen dort Diebe oder andere nicht so nette Leute. Fahrrad fahren konnte sie nicht so gut, es sah mehr so aus, als würde sie auf Bananenschalen fahren. Wir kamen aber trotzdem sicher am Schwimmbad an. Nur meine Schwester und ich gingen schwimmen. Ximena wollte nicht schwimmen und wenig später schlief sie auf der Liegewiese ein.

Ein paar Tage danach rief meine Schwester von zu Hause aus meine Mutter im Büro an: »Ich hab was in der Schule vergessen«, sagte sie zu meiner Mutter, die daraufhin fragte: »Was hast du vergessen?« – »Die Mexikanerin.« Meine Mutter fand das nicht so toll, aber wenig später holte Sophie Ximena ab.

Wieder ein paar Tage später fuhren meine Mutter, Sophie, Ximena und ich ins Schokoladenmuseum Peine. Viele Sachen gab es zu sehen, wie den größten Schokoladenweihnachtsmann der Welt und die größte Praline der Welt. Einen großen Vulkan, der Zartbitterschokolade spie. Seine Schokolade sah aus wie sehr gute, hellbraune Blumenerde aus Bioanbau.

Das Museum hatte Ximena sehr gut gefallen. Aber jetzt war es so weit, das Abschlussfest war gekommen. Alle Mexikaner und Mexikanerinnen kamen ins Adenbüttler

Schwimmbad, um zu grillen. Morgen würden sie abreisen und zu einer kleinen Europareise aufbrechen. Am Frankfurter Flughafen sollte es losgehen. Hoffentlich hat es Ximena gefallen bei uns in Deutschland und vielleicht wird sie irgendwann wiederkommen!

Andre Borchardt (11), Gymnasium Raabeschule

## Leitern, Glocken und Vampire

Vor ein paar Jahren, als ich noch kleiner war, kletterte ich auf den Domturm. Normalerweise sind die Domtürme nicht öffentlich zugänglich, doch der Küster hatte für den Posaunenchor eine Sonderführung geplant.

Als es dann so weit war, musste mein Vater auf Dienstreise, und meine Mutter wagte sich mit meinem kleinen Bruder Boris, der noch im Kindergarten war, und mir allein auf den Turm. Der Küster wartete schon vor dem Dom auf uns. Dann, als alle da waren, gingen wir los. Erst mussten wir eine Wendeltreppe hoch. Danach wurde es immer wackeliger und ich dachte: Hoffentlich geht alles gut!, denn Boris musste schon bei den Holztreppen die Füße sehr hoch nehmen. Nach ungefähr zehn Holztreppen kam eine sehr wackelige Leiter. Nach der Hälfte der Leiter musste Boris hochgetragen werden, und niemand war sicher, ob er auf den dünnen Balken gut balancieren konnte, aber alle hofften es.

Nun waren wir im Glockenturm. Dort gab es Glocken, die zum Teil so groß waren wie ich. Plötzlich fingen diese auch noch an zu läuten, da mussten wir uns die Ohren zuhalten. Wir kletterten noch eine Leiter hoch und kamen auf eine Plattform. Es war sehr windig und es gab kein richtiges Geländer. Von dort konnte man auf den Löwen gucken und fast alle Kirchtürme der Innenstadt sehen. »Früher war der Turm sehr viel höher als jetzt«, erzählte der Küster, »und zwar neunzig Meter hoch.« Ich konnte mir nicht vorstellen, auf solch einer Höhe zu stehen, da mir die sechzig Meter völlig reichten.

Nun mussten wir alle Stufen und Leitern wieder hinunterklettern. Als wir im Kirchenschiff ankamen, gingen wir noch in die Krypta. Dort war es kalt und feucht und viele Särge standen herum. Boris erzählte, dass jeden Moment ein Vampir aus einem Sarg kommen könnte und uns aussaugen würde. Alle waren wir froh, als wir wieder draußen vor dem Dom standen und das helle Licht und die warme Luft spürten. Wir waren den Vampiren aus dem Kopf meines kleinen Bruders noch einmal entflohen.

Judith Rössinger (10), Gymnasium Neue Oberschule

## Die Entstehung der Oker

Im Jahr 1601 gab es ein kleines Örtchen, südwestlich von Wolfsburg, dort, wo die Wölfe regierten, dessen Name war Brunswiga. Dort hatten sie ein Problem. Es gab nämlich sehr viele Hügel um Brunswiga. Es war mühsam, ins oder aus dem Örtchen zu kommen. Die Menschen in Brunswiga holten deshalb einen großen Riesen, um ihr Problem zu lösen. Heinrich der Löwe selbst versprach dem Riesen eine wertvolle Belohnung, wenn er die Hügel, die um Brunswiga lagen, abträge. Der Riese fing an zu buddeln. Er buddelte und buddelte so lange, bis alle Hügel abgetragen waren. Doch wo war das ganze Erdreich hingekommen?

Er schmiss es fort und es flog auf einen kleinen Berg. Dieser Berg heißt heute Brocken! Nun stand aber der Brocken so allein da und der Riese hatte Mitleid mit ihm. Er buddelte deshalb noch tiefer und länger, so lange, bis um den Brocken herum noch viele andere Berge entstanden. Der Harz.

Dadurch entstand in Brunswiga ein tiefer Graben. Wegen diesem Graben war Heinrich der Löwe wütend auf den Riesen und er verweigerte ihm seine Belohnung. Dann rief Heinrich der Löwe aus Verzweiflung die Wassernixe. Die sollte helfen, den Graben mit Wasser zu füllen, so dass ein Fluss durch Brunswiga fließen würde. Die Nixe kam und füllte das Flussbett. Doch sie hatte so viel Spaß dabei, dass sie alles überflutete. Und deshalb bekam auch sie keine Belohnung. Heinrich der Löwe wusste nun keinen Rat mehr. Er war noch wütender. Da kam sein Lieblingslöwe Oker mit Hunderten weiterer Löwen. Jeder seiner Löwenfreunde hatte einen Eimer im Maul. Die Menschen in Brunswiga waren sehr erstaunt darüber. Sie halfen nun den Löwen, das Wasser in die Eimer zu füllen, bis nur noch das Flussbett ordentlich gefüllt war. Das Wasser aber trugen die Löwen zum fast leeren Ostseestrand hin.

Heinrich der Löwe ließ die Löwen dort zum Dank in großen Rudeln in einem Schlaraffenland leben. Jeden Tag bekam jeder Löwe mindestens zwei Gazellen zu fressen. Der Fluss, der wurde nach seinem Lieblingslöwen »Oker« benannt.

Als Heinrich der Löwe verstarb, waren die Löwen sehr traurig. Ihre Tränen machten die Ostsee salzig. Alle Löwen sind nach seinem Tod nach Afrika ausgewandert. Es ist dort warm und trocken. Dort trauern sie noch immer um Heinrich den Löwen. Sie leben bis heute noch in Rudeln und sie leben auch nicht mehr in Brunswiga. Nicht mal mehr im Zoo.

Marcel Pfeiffer (11), Wilhelm-Gymnasium

## Sommer und Winter in Braunschweig

Braunschweig ist eine wunderschöne Stadt und man kann viel erleben!

Am Bach: Direkt an unserem Grundstück fließt ein Bach entlang, für mich ist es der schönste Ort der Welt und für meine Freundin Anna vielleicht der zweitschönste. Jeden Tag, wenn schönes Wetter ist, spielen wir daran, so oft es geht. Papi hat dort in einem Baum das Grundgestell für ein Baumhaus gebaut. Ich habe dann die Wände und andere Kleinigkeiten gezimmert. Oft kommen auch ein paar Jungs an den Bach, aber dann gibt es »Krieg«. Wir sitzen im Baumhaus und der Schlamm klatscht nur so auf ihre Köpfe. Die Jungs stehen unten und versuchen, uns mit Stöcken, manchmal aber auch mit Schlamm zu treffen. Aber vergeblich, es gibt schließlich genug eingebaute Schutzschilder. Tja, und wer ist Sieger? Natürlich wir! Die Jungs, auch genannt »Die Schisshasen«, ziehen ab.

Das Feuer: Einmal, als ich noch kleiner war, genauer gesagt vier Jahre alt, hatte ich nicht gerade das schönste Erlebnis hier in Braunschweig.
Es war der 24. Dezember, Heiligabend. Wie immer haben wir vor der Bescherung einen Spaziergang gemacht, damit der Weihnachtsmann ungestört die Geschenke bringen konnte. Mama und ich sind noch zu Oma gegangen (die gleich um die Ecke wohnt), um sie abzuholen und zusammen zu feiern. Papi ist schon vorgegangen, um unter dem Weihnachtsbaum die Kerzen anzuzünden. Danach musste er noch einmal in den Garten. Als er am Wohnzimmerfenster vorbeikam, konnte er sehen, dass das Fenster ganz beschlagen war. Wir, also Oma, Mama und ich, standen gerade vor der Tür, als wir Papa aus dem Garten rufen hörten: »Es brennt, es brennt im Wohnzimmer.« Er kam vor die Tür gestürzt, und als wir hineingingen, sahen wir es: Der Weihnachtsbaum und die Geschenke brannten lichterloh. Nun, zum Glück haben wir vor dem Weihnachtszimmer immer ein großes Tuch hängen. Das hat Papa dann sofort genommen und über den brennenden Sa-

chen ausgebreitet. Es hätte ganz schön gefährlich werden können, aber es war das Beste, was Papa hatte tun können. Alles war verbrannt und es hat gequalmt und gestunken.

Nach ein paar Wochen habe ich ein Paket bekommen und auf dem Absender stand: »Vom Weihnachtsmann«. Als ich es öffnete, waren neue Geschenke darin und Weihnachten war für mich in diesem Jahr an einem anderen Datum.

Jetzt ist es schon sieben Jahre her und immer noch habe ich ein bisschen Angst vor Weihnachten.

Theresa Glienewinkel (10), Freie Waldorfschule Braunschweig

## Allein im Park

Es ist morgens sechs Uhr. Ich stehe auf und muss wie immer in die Schule. Doch heute ist ein anderer Tag als sonst. Ich bin nämlich umgezogen, nach Braunschweig. Heute gehe ich zum ersten Mal in meine neue Klasse.

Lieber Leser, ich will mich dir zuerst einmal vorstellen: Ich bin Fina, elf Jahre alt. Ich habe braunes, schulterlanges Haar und blaue Augen. Und gehe in die 5. Klasse. Meine Mutter und ich leben alleine. Geschwister habe ich nicht und mein Vater ist im Gefängnis. Meine Mutter hatte ein paar Jahre lang keine Arbeit, doch jetzt hat sie eine Stelle gefunden. Allerdings in Braunschweig. Deshalb sind wir umgezogen.

Na ja, jetzt ist also der Tag gekommen, an dem ich meine neue Klasse kennen lerne. Es ist schon halb acht und ich mache mich auf den Weg zur Schule.

Nun ist es mittags halb zwei und ich komme gerade wieder zu Hause an. Die Schule war toll, ich fühle mich total wohl. Ich stecke den Schlüssel in die Wohnungstür und will ihn umdrehen, aber Mama springt mir schon entgegen und sagt: »Süße, kannst du heute alleine zum Zahnarzt, ich muss dringend zur Arbeit, es ist ein Notfall!« Und schon ist sie weg. Ich rufe ihr hinterher: »Aber ich weiß doch gar nicht, wo der Zahnarzt ist.« – »Die Adresse hängt am Kühlschrank!«, ruft Mama noch.

Ich gehe in die Wohnung, esse zu Mittag und mache mich dann auf den Weg. An der Straßenecke begegnen mir Florian und Sebastian, zwei Jungen aus meiner neuen Klasse. Ich bin froh, dass ich sie treffe, denn da kann ich sie nach der Buslinie fragen, die zur Praxis des Zahnarztes führt.

»Hi«, eröffne ich unser Gespräch, »ich muss zum Zahnarzt, habe auch die Adresse. Nur, ich weiß nicht, wo diese Straße ist.« Die beiden grinsen sich gegenseitig an und Florian sagt: »Gib mal her!« Die Jungen lesen. Dann sagt einer: »Buslinie 422 Richtung Ridagshausen.« Dabei kichern sie so laut, dass sich alle Leute umschauen. Leider erkenne ich nicht, dass diese Buslinie genau in die entgegengesetzte Richtung führt. Die Jungen drehen sich noch einmal um und rufen: »Steig am Prinzenpark aus und geh hindurch!« Ich habe natürlich gedacht, dass ihre Tipps richtig sind und sie mir helfen wollten.

Ich steige also am Park aus und gehe auch hinein. Ich komme an einen Ausblickspunkt auf einem Berg. Vor mir liegt die ganze Stadt. »In welche Richtung soll ich jetzt gehen?«, frage ich mich zweifelnd. Ich gehe immer tiefer in den Park hinein, es sieht alles so gleich aus und der Park nimmt kein Ende. Langsam wird es immer dunkler und ich sehe fast nichts mehr. Eine Eule heult und im Gebüsch knackst und raschelt es. Plötzlich springt eine Gestalt aus dem Busch und schreit auf. Ich schreie ebenfalls. Die Gestalt knipst eine Taschenlampe an und vor mir steht ein Mädchen. Ich erzähle ihr, dass ich mich verlaufen habe. Sie heißt Laura und bringt mich nach Hause. Meine Mutter, die schon seit Stunden auf mich wartet, ist heilfroh, dass ich wieder da bin.

Aus dieser hilfreichen Begegnung wurde eine wunderbare Braunschweiger Freundschaft.

Katharina Sophie Ahrens (10), Gymnasium Neue Oberschule

## Die »Runde«

Endlich Schulschluss, endlich wieder auf der Couch sitzen und Fernsehen gucken. Doch wir mussten zuerst mit dem Bus fahren. Unsere Schulranzen waren so schwer, wir hätten im Bus gar nicht stehen können. Wir gingen zur Bushaltestelle 1, 2, 3 ... Ach egal, auf jeden Fall warteten wir auf den Bus. Mit »wir« meine ich meine Freunde Tom, Sebastian, Jule, Jan und mich. Dann kam der Bus und wir fuhren zum Rathaus. Eigentlich wohnen wir ja in Lehre-Wendhausen. Damit wir einen Sitzplatz bekommen, fahren wir zuerst zum Rathaus, weil der Bus dort noch leer ist. Obwohl es immer voll ist an der Bushaltestelle vor dem Rathaus, bekommen wir manchmal einen Sitzplatz.

Da unsere Ranzen so schwer waren, hatte einer von uns eine Idee. Es ist zwar verboten, aber wir wollten unbedingt einen Sitzplatz kriegen. An der Haltestelle ist Endstation, aber der Bus muss noch irgendwie wenden. Deshalb wollte der, der die Idee hatte, einfach mit ums Rathaus fahren. Jan stimmte nicht zu. Er meinte: »Wenn wir dann ungefähr nach der Hälfte der Fahrt ums Rathaus rausgeschmissen werden, erreichen wir den Bus nicht mehr, weil der Weg dann zu lang ist und wir nicht schnell genug sind, um wieder zur Bushaltestelle zu kommen.« Doch wir wollten nicht aufstehen. Jan ging an der Endstation aus dem Bus, doch wir blieben sitzen. In der hinteren Reihe haben wir uns dann versteckt, weil die Kamera dort war. Wir wussten, wo die Kamera »hinguckt«, weil wir es einmal, als wir vorne im Bus waren, beobachtet haben. Der ganze Bus war leer, nur wir waren noch da. Hoffentlich fährt der Bus weiter, dachten wir alle. Es vergingen nur fünf Sekunden, aber für uns war es eine Ewigkeit.

Endlich, der Bus fuhr los! Wir fuhren an vielen Läden vorbei. Da entdeckten wir ein Schild: Wenn von euch jemand um das Rathaus fahren will, wird er nach der Hälfte der Fahrt rausgeschmissen, weil dort noch ein Parkplatz ist. Wenn ich euch nicht sehe, habt ihr Glück.

Wir bekamen einen Schrecken. Noch fünf Meter und wir wären am Parkplatz. Nur Tom blieb cool. Dann waren wir am Parkplatz vorbei. Plötzlich blieb der Bus stehen, weil die Ampel rot war. Aber das wussten wir nicht. Gleich kommt der Busfahrer und schmeißt uns raus, war mein Gedanke. Doch da fuhr der Bus wieder an, und wir sahen die Ampel, an der er eben gehalten hatte. Ja, geschafft!, dachte ich, als der Bus wieder anhielt.

Alle Türen gingen auf. In unserer Erleichterung merkten wir gar nicht, dass eine Menschenmenge in den Bus stürmte. Da hatten wir es geschafft, Sitzplätze zu ergattern, und es hatte keiner etwas gemerkt. Bis Sebastian von Jan angesprochen wurde. Wir erzählten Jan von der »Runde« ums Rathaus.

Dominik Pascal Lühr (11), Gymnasium Neue Oberschule

# Die Schluss-Arkaden

Leise klangen aus der Ferne die Glocken der Klosterkirche von Riddagshausen. Die Freundinnen Viktoria und Mathilde lagen faul in ihrer Hängematte im Kleingarten. »Mist, schon drei Uhr, das Eintrachtspiel fängt gleich an!«, meinte Viktoria erschrocken, sprang auf und kramte nach ihrem Eintrachtschal. »O Vicki, nee, die Eintracht verliert doch sowieso immer (so wie letztes Mal; 0:5 verloren, typisch). Lass uns doch zur Schlosseröffnung gehen!«, knörte Mathilde.

Gesagt, getan. Auf ihrem Weg lag der Burgplatz. Als sie um die Ecke bogen, stießen sie fast mit Pastor Hempel zusammen. Er sah käseweiß aus und seine Augen quollen hervor. »He, Pastor Hempel, was haben Sie denn?«, fragte Mathilde neugierig. »Hach, ich hatte einen schrecklichen Alptraum! Die Glocken sollten repariert werden und mussten deshalb von einem Kran aus dem Kirchturm geholt werden. Dabei stürzte die Blasius-Glocke in die Tiefe und zerschepperte.« Es war doch nur ein Alptraum! Alte Leute, pff …, dachte Viktoria und zog ihre Freundin in Richtung Schloss.

Sie kamen rechtzeitig, denn der Bürgermeister begann schon mit seiner Rede: »Liebes Braunschweig, schon seit Jahren freuen wir uns auf diesen Tag, und nun ist er gekommen …« Als Herr Hoffmann nach fünfzehn Minuten immer noch redete, zeterte Viktoria: »O Mensch, Mathil, der quasselt schon seit einer geschlagenen Viertelstunde, ich kann nicht mehr stehen!« – »Sei leise!«, zischte Mathilde, »diese dummen Bauarbeiter haben gar nicht SCHLOSS-ARKADEN geschrieben.« – »Hä?! Meinst du die Leuchtreklame da oben am Gebäude?« – »Ja. Die haben SCHLUSS-ARKADEN geschrieben.« – »Wie blöd!«

Und nun sollte der große Vorhang, der den Portikus bedeckte, heruntergelassen werden. Doch er klemmte! Der Bürgermeister war ein Mann der Tat und alarmierte die

Feuerwehr, die schnell auf das Schloss kletterte. Die Truppe zückte ihre Scheren und schnitt den Vorhang ab. Das weiße Tuch landete genau auf dem Reiterdenkmal. Alle Leute lachten und auch die Freundinnen konnten sich ein Kichern nicht unterdrücken. Schließlich meinte Viktoria: »In Braunschweig ist eben immer was los!«

Caroline Moormann (11), Wilhelm-Gymnasium

## Auf dünnem Eis

An einem herrlichen Wintertag wurden in Braunschweig endlich die ersten Seen zum Schlittschuhfahren freigegeben. Meine Familie und auch ein Freund wollten die Gelegenheit gleich nutzen. Dazu sind wir in den Nachbarort Rautheim gefahren. Dort gibt es ein Regenhaltebecken, auf dem viele Leute gerne Schlittschuh laufen. Als wir angekommen waren, sahen wir, dass dort Kinder am Zulauf spielten und andere Schlittschuh liefen. Wir hatten Tore und Schläger mitgenommen und fingen an zu spielen. Meine Mutter warnte uns immer wieder, nicht zu nah an den Zulauf zu fahren, weil das Eis dort dünner war und verdächtig knackte. Aber die anderen Kinder hörten nicht auf, dort zu spielen.

Plötzlich knackte es laut und eines der Kinder war im Eis eingebrochen. Es konnte zwar stehen, kam aber nicht allein wieder aus dem Loch heraus. Weil der See ja nicht so groß ist, bemerkten wir das Unglück sofort. Alle auf dem Eis waren sehr erschrocken, aber meine Mutter reagierte schnell. Sie legte sich auf den Bauch und schob sich zum Loch, wo ich ihr die Beine festhielt. So zog sie das Mädchen aus dem Wasser. Es zitterte vor Kälte.

Wir boten ihr an, sie nach Hause zu bringen. Aber sie sagte, dass sie gleich in der Nähe wohnt, und bedankte sich. Sie lief dann mit ihren Freunden nach Hause. Vom Rand des Regenrückhaltebeckens rief uns ein älterer Herr zu, dass meine Mutter schuld sei, weil sie hier mit uns hingeht, obwohl dort ein Schild steht: »Regenrückhaltebecken. Betreten verboten! Eltern haften für ihre Kinder!« Und er würde jetzt die Polizei rufen.

Wir warteten eine Weile, aber die Polizei kam nicht. Also sind wir nach Hause gefahren. Aber meine Mutter war unsicher, ob wir wirklich etwas Verbotenes getan hatten. Sie rief am nächsten Tag bei der Stadt an und erkundigte sich nach dem Verbotsschild. Am Nachmittag erzählte sie uns, dass man da fahren dürfe, aber auf eigene Gefahr. Das Schild wurde aufgestellt, weil die Stadt dann im Unglücksfall nicht haften muss. Wir freuten uns und fahren weiterhin dort Schlittschuh.

Thilo Kratz (12), JGS Franzsches Feld

# Schlittenfahren

Endlich ist es Winter und der Schnee fällt. »Wollt ihr heute nicht nach Braunschweig zum Rodeln auf dem Nussberg fahren?«, fragt meine Mutter. »O ja!«, rufen mein Bruder und ich begeistert. »Aber wo sind die Schlitten?«, fragt meine Mutter. »Es hat so lange nicht geschneit und wir haben sie lange nicht benutzt!«

Die Suche beginnt! Zuerst durchstöbern wir den Keller, aber dort sind sie nicht. Dann rennen wir auf den Dachboden. Da sind sie auch nicht! Mein Vater sucht in der Garage. Dort liegt viel altes Gerümpel, aber auch dort sind die Schlitten nicht zu finden. Plötzlich fällt ihm unser Schuppen ein. Und da stehen sie, versteckt hinter den Schaufeln und Eimern. Nun aber los! Schnell sind die dicken Sachen angezogen und die beiden Schlitten im Wagen verstaut. Meine Mutter kocht noch schnell heißen Kakao, den sie in eine Thermosflasche füllt. Wir laden alles ins Auto und mein Vater, mein Bruder und ich fahren los.

Bei dem Schneetreiben kommen wir nur langsam voran, aber endlich sind wir da.

Dort ist viel los! Der hohe Nussberg ist voller Menschen mit Schlitten. Mein Vater findet gleich einen Parkplatz und wir stürmen mit unseren Schlitten den Berg hinauf. Oben herrscht buntes Treiben. Überall sehen wir unzählige Schlitten und Menschen. Schnell springen wir auf unsere Schlitten und rufen: »Bahn frei!« In schneller

Fahrt sausen wir den Berg hinunter. Am Fuße des Berges fahren wir noch über versteckte Hügel, so dass wir mit den Schlitten weit durch die Luft fliegen. Es ist herrlich! Das Hochziehen der Schlitten ist dann jedes Mal beschwerlich, aber wir freuen uns dabei schon auf die Fahrt nach unten. So machen wir eine Fahrt nach der anderen.

Plötzlich, bei unserer letzten Fahrt, passiert das Unglück! Es muss ein Stein oder irgendein kleines Hindernis im Schnee gelegen haben. Mit einem Ruck stoppt mein Schlitten und ich mache einen Sturzflug. Der Schlitten kommt hinterhergeflogen und landet auf mir. Ich liege kopfüber, von meinem Schlitten begraben, im Schnee.

Schnell sammeln sich alle Kinder und Erwachsenen um mich herum im Kreis. Mein Vater kommt sorgenvoll angelaufen. Ich rappele mich unter dem Schlitten langsam auf. Glücklicherweise kann ich alle Knochen noch bewegen, nur mein Ellenbogen schmerzt etwas und meine Knie zittern vor Schreck. Mein Vater nimmt mich in die Arme, das tut gut! Alle sind beruhigt, dass nichts Schlimmes passiert ist. Nun gehen wir erst einmal zum Auto zurück und trinken den heißen Kakao.

Auf der Rückfahrt, die wir dann antreten, reden wir noch viel über den erlebnisreichen Nachmittag.

*Miriam Müller (10), Gymnasium Vechelde*

# Der Wächter Braunschweigs

Mona sah andächtig zu dem Braunschweiger Löwen hinauf. Dort stand er, größer als Mona selbst und mit stolz erhobenem Haupt. Leonie, ihre ältere Schwester, verdrehte die Augen über so viel albernes Getue wegen einer Metallstatue. Kopfschüttelnd drehte sie sich um und ließ ihre kleine Schwester allein zurück. Mona stellte sich auf die Zehenspitzen, lief um die Statue herum und verrenkte sich fast den Hals, um den Löwen von allen Seiten zu betrachten. Plötzlich riss sie Augen und Mund weit auf. Sie schloss die Augen, öffnete sie wieder. Aber der Anblick blieb. Der Löwe hatte sein Haupt zu ihr heruntergesenkt und schaute sie aus perlschwarzen Augen an.

»Willkommen in meiner Stadt, Menschenkind!«, sagte der Löwe. Erschrocken stolperte Mona zurück. »Du brauchst keine Angst zu haben! Ich bin nur ein alter Wächter!«, sagte der Löwe, streckte sich und gähnte. »Was bewachst du denn?«, fragte Mona, die langsam neuen Mut fasste. »Was ich bewache? Braunschweigs Bewohner natürlich!«, antwortete der Löwe. Fragend legte Mona den Kopf schief. Der Löwe sprang von seinem hohen Sockel. Er legte eine Pranke daran und scharrte an dem Gestein. Eine Tür tat sich auf, die den Blick auf einen steil abfallenden Gang freigab. »Komm, steig auf meinen Rücken, Menschenkind! Ich werde dir zeigen, was ich meine.« Mona zögerte. Sie sah sich um, doch Leonie war schon weitergegangen.

Die hole ich schon wieder ein!, dachte sie und nahm auf dem Rücken des Löwen Platz. Langsam trug er sie in den Erdgang. Es roch moderig, und feucht war es auch. An den Wänden hingen keine Fackeln oder Lampen und trotzdem war es sehr hell. Das Licht schien vom Ende des Ganges her. Mona konnte es kaum erwarten, dort anzukommen.

Der Gang mündete in eine riesige Halle. Der ganze Boden war mit Kerzen bedeckt. Kerzen in allen erdenklichen Farben und Formen. Kerzen in verschiedenen Größen, einige in prunkvollen Leuchtern, andere standen einfach nackt auf der Erde. »Das ist wunderschön! Aber wieso bewachst du Kerzen?«, flüsterte Mona, die aus dem Staunen gar nicht mehr herauskam. »Jede einzelne Kerze, die du hier siehst, steht für einen Bewohner Braunschweigs. Die Form sagt etwas über den Lebenssinn, die Farbe über den Charakter und die Flamme über große Talente der Person aus. Ob sie in einem Leuchter steht oder nicht, sagt etwas aus über den Lebensstandard, also ob arm oder reich. Meine Aufgabe ist es, die Wachstropfen zu sammeln, denn wenn auch nur ein Tröpfchen, nur ein Lebensabschnitt verloren geht, gehen auch die Erinnerungen an diese Augenblicke verloren und der Mensch gerät nach seinem Tod schnell in Vergessenheit«, erzählte der Löwe. »Habe ich auch eine Kerze?«, fragte Mona aufgeregt. Der Löwe nickte. »Natürlich hast du auch eine!«, sagte er und trug Mona durch das Lichtermeer auf eine große Kerze in Form eines Schwans zu. »Der Schwan steht für Spaß am Leben und Interesse an Kultur. Außerdem ist er unglaublich stolz. Du besitzt das Talent, das Wunderbare in den Dingen zu sehen.« Mona freute sich und nickte zufrieden.

Ein Blick auf ihre Armbanduhr ließ sie erschrecken. Sie war schon fünfzehn Minuten hier unten! »Ich muss zurück zu Leonie!«, rief sie. Vorsichtig trug der Löwe sie durch den Erdgang zurück nach draußen. »Wenn du wiederkommst, zeige ich dir noch andere Dinge aus meiner Stadt, die du bestimmt noch nicht gesehen hast!«, sagte er, nachdem er die Tür im Sockel wieder verschlossen hatte. »O ja! Danke, Löwe!«, rief Mona und verabschiedete sich. Schnell rannte sie Leonie hinterher. Doch bevor sie in eine Seitengasse einbog, sah sie noch einmal zurück. Ob sie sich das alles nicht nur eingebildet hatte? Der Löwe stand auf seinem Sockel wie eh und je. Aber wenn Mona sich nicht täuschte, zwinkerte er ihr zu!

Anne-Marie Schmidt (12), Theodor-Heuss Gymnasium Wolfenbüttel

Carl Hiaasen
**Eulen**

Aus dem Amerikanischen von Birgitt Kollmann
Roman, 352 Seiten (ab 11), Gulliver TB 78685

Roy ist neu in Florida und er hasst dieses flache
Land und die Hitze. Dass der Widerling Dana
Matherson es auf ihn abgesehen hat, macht es
nicht besser. Doch hätte der ihn nicht gegen das
Schulbusfenster gedrückt, hätte Roy auch nicht
den barfüßigen Jungen wegrennen sehen ...
oder Beatrice kennen gelernt. Und in die Sache
mit den Eulen wäre er erst recht nicht
verwickelt worden.

Carl Hiaasen
**Fette Fische**

Aus dem Amerikanischen von Birgitt Kollmann
Roman, 304 Seiten (ab 11), Gulliver TB 74007

Türkisblaues Wasser in den Florida Keys – oder
weiterhin eine stinkende Kloake, in der Baden
verboten ist? Noah und seine Schwester Abbey
setzen alles daran, die Verbrecher zu erwischen,
die das Abwasser eines Kasinoschiffs direkt ins
Hafenbecken leiten. Schließlich sitzt ihr Vater
deswegen unschuldig im Gefängnis ...

www.gulliver-welten.de
Beltz & Gelberg, Postfach 10 01 54, 69441 Weinheim

## Anna Jürgen
## Blauvogel, Wahlsohn der Irokesen
Roman, 272 Seiten (ab 11), Gulliver TB 78961

Nordamerika, 1755. Verwirrt tritt Georg über die Türschwelle des Langen Hauses. Er ist in einer Irokesenfamilie gelandet. Die Indianer haben den Sohn weißer Siedler entführt, mitten in den Kriegswirren um das Indianerland. Sie nennen ihn Blauvogel, und obwohl Georg seine neue Schwester Malia auf Anhieb leiden kann, denkt er nur an Flucht.

## Kirkpatrick Hill
## Indianerwinter
Aus dem Amerikanischen von Susanne Koppe
Roman, 180 Seiten (ab 10), Gulliver TB 78325

Starker-Sohn kann es kaum erwarten: Er und seine Schwester werden den Winter mit Natascha, der alten Indianerin, im Winterlager im Hohen Norden verbringen. Die beiden lernen wie man Essensvorräte anlegt, Eislöcher schlägt und sich vor dem Erfrieren schützt. Es werden harte Wochen, – vor allem, als auch noch Nelson mit seinem Hundeschlitten auftaucht und Hilfe braucht.

www.gulliver-welten.de
Beltz & Gelberg, Postfach 10 01 54, 69441 Weinheim

Eloise Jarvis McGraw
**Der goldene Kelch**

Aus dem Englischen von Gaby Wurster
Abenteuer-Roman, 304 Seiten (ab 12), Gulliver TB 78471

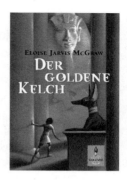

Goldschmied wollte Ranofer werden, so
kunstfertig und berühmt wie sein Vater. Doch
der ist gestorben und Ranofers geiziger
Halbbruder Gebu lässt ihn nur als Handlanger
bei einem Goldschmied arbeiten. Als er in
Gebus Kammer einen goldenen Kelch findet,
keimt ein schrecklicher Verdacht in ihm: Sollte
sein Halbbruder ein Grabräuber sein?

Eloise McGraw
**Tochter des Nils**

Aus dem Englischen von Gaby Wurster
Abenteuer-Roman, 344 Seiten (ab 12), Gulliver TB 78472

Mara würde alles tun, um aus ihrem Sklaven-
dasein auszubrechen. Deshalb zögert sie nicht,
einen lebensgefährlichen Auftrag anzu-
nehmen: Sie soll Thutmosis, den Stiefsohn
der herrschenden Pharaonin Hatschepsut
ausspionieren. Doch schon bald gerät sie in
Bedrängnis und muss einen zweiten geheimen
Auftrag annehmen, um ihr Leben zu retten …

www.gulliver-welten.de
Beltz & Gelberg, Postfach 10 01 54, 69441 Weinheim

Tonke Dragt
## Der Brief für den König

Aus dem Niederländischen von Liesel Linn und Gottfried Bartjes
Abenteuer-Roman, 464 Seiten (ab 11), Gulliver TB 78457
In Holland als »Bestes Buch des Jahres« ausgezeichnet

Tiuri verlässt in der Nacht, bevor er seinen Ritterschlag empfangen soll, seine Heimatstadt und nimmt einen gefährlichen Auftrag an: Er soll einen Brief in das ferne Königreich Unauwen bringen. Ritter und Spione verfolgen ihn, er muss viele Gefahren bestehen, um den Brief und sein Leben zu schützen. Doch er findet Freunde, die ihm bei seiner schwierigen

Tonke Dragt
## Der Wilde Wald

Aus dem Niederländischen von Eleonore Meyer-Grünewald
Abenteuer-Roman, 416 Seiten (ab 11), Gulliver TB 78056

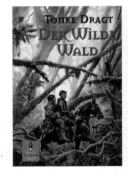

Seltsame Dinge werden über den Wilden Wald erzählt: von Räubern und vergessenen Städten, von Rittern mit roten Schilden, vor denen man auf der Hut sein muss, von geheimnisvollen grünen Wesen … Tiuri, ein junger Ritter, macht sich auf, diese Rätsel zu lösen. Er wird in einen Kampf zwischen Gut und Böse verstrickt, in dem niemand neutral bleiben kann.

www.gulliver-welten.de
Beltz & Gelberg, Postfach 10 01 54, 69441 Weinheim

# JEDES KIND
# BRAUCHT
# EINEN FREUND.

# Der Bunte Hund

## Das einzige Geschichten- und Bildermagazin
## für Kinder, endlich.

Bühne frei: Hier komme ich, **Der Bunte Hund!**
Kinder entdecken zusammen mit mir eine Welt
voller Geschichten, Bilder, Abenteuer.
Ich veranstalte Erzählwettbewerbe, präsentiere Kolumnen
und Portraits und mache mit meinen
Freunden bekannt, den Lese- und Bilderhunden,
den Bastel- und Wunderhunden.

Ab November 2007 am Kiosk und im Buchhandel.
Informationen über das Heft und wie man es
jeden Monat automatisch bekommt, findest Du unter
www.derbuntehund.de

SAMMELN
UND
GEWINNEN?

NÄCHSTE
SEITE.

# GULLIVER Weltmarken

## Gulliver-Weltmarken sammeln und gewinnen!

In diesem GULLIVER Taschenbuch findest Du unten eine Weltmarke. Die kannst Du ausschneiden und in Deine Weltmarkensammelkarte kleben.

Wenn die Weltmarkensammelkarte voll ist, schickst Du sie an uns und erhältst in jedem Fall das GULLIVER-Basecape.

Jedes Jahr im November gibt es die große GULLIVER-Jahresverlosung, an der alle Weltmarkensammelkarten teilnehmen. Der Gewinnerin/ dem Gewinner winkt eine zweitägige Reise für 3 Personen an ein schönes Ziel. Anfahrt, Hotel und Taschengeld gibt's inklusive.

*Viel Spaß beim Sammeln.*

Die GULLIVER-Weltmarkensammelkarte erhältst Du unter folgender Adresse:

Beltz & Gelberg
Postfach 10 01 54
69441 Weinheim

Telefon: 062 01-60 07-432
Fax: 062 01-60 07-484
E-Mail: info@beltz.de